AF185938

Tucholsky   Wagner   Zola   Scott
Turgenev   Wallace   Fonatne Sydow   Freud   Schlegel
Twain   Walther von der Vogelweide   Fouqué   Friedrich II. von Preußen
Weber   Freiligrath
Fechner   Fichte   Weiße Rose   von Fallersleben   Kant   Ernst   Frey   Frommel
Hölderlin   Richthofen
Engels   Fielding   Eichendorff   Tacitus   Dumas
Fehrs   Faber   Flaubert   Eliasberg   Ebner Eschenbach
Feuerbach   Maximilian I. von Habsburg   Fock   Zweig   Vergil
Ewald   Eliot
Goethe   Elisabeth von Österreich   London
Mendelssohn   Balzac   Shakespeare   Ganghofer
Trackl   Lichtenberg   Rathenau   Dostojewski   Gjellerup
Mommsen   Stevenson   Tolstoi   Hambruch   Doyle
Thoma   Lenz   Hanrieder   Droste-Hülshoff
Dach   Verne   von Arnim   Hägele   Hauff   Humboldt
Karrillon   Reuter   Rousseau   Hagen   Hauptmann   Gautier
Garschin   Defoe   Baudelaire
Damaschke   Descartes   Hebbel   Hegel   Kussmaul   Herder
Wolfram von Eschenbach   Schopenhauer   Rilke   George
Bronner   Darwin   Dickens   Grimm Jerome
Campe   Horváth   Melville   Aristoteles   Bebel   Proust
Bismarck   Vigny   Voltaire   Federer   Herodot
Gengenbach   Barlach   Heine
Storm   Casanova   Tersteegen   Grillparzer   Georgy
Brentano   Chamberlain   Lessing   Langbein   Gilm   Gryphius
Strachwitz   Claudius   Schiller   Lafontaine   Iffland   Sokrates
Katharina II. von Rußland   Bellamy   Schilling   Kralik
Gerstäcker   Raabe   Gibbon   Tschechow
Löns   Hesse   Hoffmann   Gogol   Wilde   Vulpius
Luther   Heym   Hofmannsthal   Klee   Hölty   Morgenstern   Gleim
Roth   Heyse   Klopstock   Goedicke
Luxemburg   Puschkin   Homer   Kleist
La Roche   Horaz   Mörike   Musil
Machiavelli   Kierkegaard   Kraft   Kraus
Navarra   Aurel   Musset   Kind   Kirchhoff   Hugo   Moltke
Nestroy   Marie de France   Lamprecht   Ipsen   Liebknecht
Nietzsche   Nansen   Laotse
Marx   Lassalle   Gorki   Klett   Ringelnatz
von Ossietzky   May   Leibniz   Irving
Petalozzi   vom Stein   Lawrence   Knigge
Platon   Pückler   Michelangelo   Kafka
Sachs   Poe   Liebermann   Kock
de Sade   Praetorius   Mistral   Zetkin   Korolenko

Geschichte der Unruhen in Frankreich, welche der Regierung Heinrichs IV. vorangingen.

Friedrich Schiller

Impressum

Autor: Friedrich Schiller
Umschlagkonzept: toepferschumann, Berlin

Verlag: tradition GmbH, Hamburg
ISBN: 978-3-8424-1366-5
Printed in Germany

Text der Originalausgabe

Friedrich Schiller

Geschichte der Unruhen in Frankreich, welche der Regierung Heinrichs IV. vorangingen.

(Aus der Sammlung historischer Memoires II. Abtheilung 1., 2., 3., 4. und 5. Band.)

Die Regierungen Karls VIII., Ludwigs XII. und Franz' I. hatten für Frankreich eine glänzende Epoche vorbereitet. Die Feldzüge dieser Fürsten nach Italien hatten den Heldengeist des französischen Adels wieder entzündet, den der Despotismus Ludwigs XI. beinahe erstickt hatte. Ein schwärmerischer Rittergeist flammte wieder auf, den eine beßre Taktik unterstützte.

Im Kampf mit ihren ungeübten Nachbarn lernte die Nation ihre Ueberlegenheit kennen. Die Monarchie hatte sich gebildet, die Verfassung des Königreichs eine mehr regelmäßige Gestalt angenommen. Der sonst so furchtbare Trotz übermächtiger Großen fügte sich jetzt wieder in die Schranken eines gemeinschaftlichen Gehorsams. Ordentliche Steuern und stehende Heere befestigten und schirmten den Thron, und der König war etwas mehr als ein begüterter Edelmann in seinem Reiche.

In Italien war es, wo sich die Kraft dieses Königreichs zum erstenmal offenbarte. Unnütz zwar floß dort das Blut seiner Heldensöhne, aber Europa konnte seine Bewunderung einem Volke nicht versagen, das sich zu gleicher Zeit gegen fünf vereinigte Feinde glorreich behauptete. Das Licht schöner Künste war nicht lange vorher in Italien aufgegangen, und etwas mildere Sitten verriethen bereits seinen veredelnden Einfluß. Bald zeigte es seine Kraft an den trotzigen Siegern, und Italiens Künste unterjochten das Genie der Franzosen, wie ehemals Griechenlands Kunst seine römischen Beherrscher sich unterwürfig machte. Bald fanden sie den Weg über die savoyischen Alpen, den der Krieg geöffnet hatte. Von einem verständigen Regenten in Schutz genommen, von der Buchdruckerkunst unterstützt, verbreiteten sie sich bald auf diesem dankbaren Boden. Die Morgenröthe der Cultur erschien; schon eilte Frankreich mit schnellen Schritten seiner Civilisierung entgegen. Die neuen Meinungen erscheinen und gebieten diesem schönen Anfang einen traurigen Stillstand. Der Geist der Intoleranz und des Aufruhrs löscht den noch schwachen Schimmer der Verfeinerung wieder aus, und die schreckliche Fackel des Fanatismus leuchtet. Tiefer als je stürzt dieser unglückliche Staat in seine barbarische Wildheit zurück, das Opfer eines langwierigen, verderblichen Bürgerkriegs, den der Ehrgeiz entflammt und ein wüthender Religionseifer zu einem allgemeinen Brande vergrößert.

So feurig auch das Interesse war, mit welchem die eine Hälfte Europens die neuen Meinungen aufnahm und die andre dagegen kämpfte, so eine mächtige Triebfeder der Religionsfanatismus auch für sich selbst ist, so waren es doch großenteils sehr weltliche Leidenschaften, welche bei dieser großen Begebenheit geschäftig waren, und größtenteils politische Umstände, welche den unter einander im Kampfe begriffenen Religionen zu Hilfe kamen. In Deutschland, weiß man, begünstigte Luther und seine Meinungen das Mißtrauen der Stände gegen die wachsende Macht Oesterreichs; der Haß gegen Spanien und die Furcht vor dem Inquisitionsgerichte vermehrte in den Niederlanden den Anhang der Protestanten. Gustav Wasa vertilgte in Schweden zugleich mit der alten Religion eine furchtbare Cabale, und auf dem Ruin eben dieser Kirche befestigte die britannische Elisabeth ihren noch wankenden Thron. Eine Reihe schwachköpfiger, zum Theil minderjähriger Könige, eine schwankende Staatskunst, die Eifersucht und der Wettkampf der Großen um das Ruder halfen die Fortschritte der neuen Religion in Frankreich bestimmen. Wenn sie in diesem Königreich jetzt daniederliegt und in einer Hälfte Deutschlands, in England, im Norden, in den Niederlanden thronet, so lag es sicherlich nicht an der Muthlosigkeit oder Kälte ihrer Verfechter, nicht an unterlaßnen Versuchen, nicht an der Gleichgültigkeit der Nation. Eine heftige, langwierige Gährung erhielt das Schicksal dieses Königreichs im Zweifel; fremder Einfluß und der zufällige Umstand einer neuen indirekten

Thronfolge, die gerade damals eintrat, mußte den Untergang der calvinischen Kirche in diesem Staat entscheiden.

Gleich im ersten Viertel des sechzehnten Jahrhunderts fanden die Neuerungen, welche Luther in Deutschland predigte, den Weg in die französischen Provinzen. Weder die Censuren der Sorbonne im Jahr 1521, noch die Beschlüsse des Pariser Parlaments, noch selbst die Anathemen der Bischöfe vermochten das schnelle Glück aufzuhalten, das sie in wenig Jahren bei dem Volk, bei dem Adel, bei Einigen von der Geistlichkeit machten. Die Lebhaftigkeit, mit welcher das sanguinische, geistreiche Volk der Franzosen jede Neuigkeit zu behandeln pflegt, verleugnete sich weder bei den Anhängern der Reformation, noch bei ihren Verfolgern. Franz des Ersten kriegerische Regierung und die Verständnisse dieses Monarchen mit den deutschen Protestanten trugen nicht wenig dazu bei, die Religionsneuerungen bei seinen französischen Unterthanen in schnellen Umlauf zu bringen. Umsonst, daß man in Paris endlich zu dem fürchterlichen Mittel des Feuers und des Schwertes griff – es that keine beßre Wirkung, als es in den Niederlanden, in Deutschland, in England gethan hatte, und die Scheiterhaufen, welche der fanatische Verfolgungsgeist ansteckte, dienten zu nichts, als den Heldenglauben und den Ruhm seiner Opfer zu beleuchten.

Die Religionsverbeßrer führten bei ihrer Vertheidigung und bei ihrem Angriff auf die herrschende Kirche Waffen, welche weit zuverlässiger wirkten, als alle, die der blinde Eifer der stärkern Zahl ihnen entgegen setzen konnte. Geschmack und Aufklärung kämpften auf ihrer Seite; Unwissenheit, Pedanterei waren der Antheil ihrer Verfolger. Die Sinnlosigkeit, die tiefe Ignoranz des katholischen Clerus gaben dem Witz ihrer öffentlichen Redner und Schriftsteller die gefährlichsten Blößen, und unmöglich konnte man die Schilderungen lesen, welche der Geist der Satire diese letztern von dem allgemeinen Verderbniß entwerfen ließ, ohne sich von der Nothwendigkeit einer Verbeßrung überzeugt zu fühlen. Die lesende Welt wurde täglich mit Schriften dieser Art überschwemmt, in welchen, mehr oder minder glücklich, die herrschenden Laster des Hofes und der katholischen Geistlichkeit dem Unwillen, dem Abscheu, dem Gelächter bloß gestellt und die Dogmen der neuen Kirche, in jede Anmuth des Styls gekleidet, mit allen Reizen des Schönen, mit aller hinreißenden Kraft des Erhabnen, mit dem unwiderstehlichen Zauber einer edeln Simplicität ausgestattet waren. Wenn man diese Meisterstücke der Beredsamkeit und des Witzes mit Ungeduld verschlang, so waren die abgeschmackten oder feierlichen Gegenschriften des andern Theils nicht dazu gemacht, etwas anders als Langeweile zu erregen. Bald hatte die verbesserte Religion den geistreichen Theil des Publikums gewonnen – eine unstreitig glänzendere Majorität als der bloße blinde Vortheil der größern Menge, der ihre Gegner begünstigte.

Die anhaltende Wuth der Verfolgung nöthigte endlich den unterdrückten Theil, an der Königin Margaretha von Navarra, der Schwester Franz' I., sich eine Beschützerin zu suchen. Geschmack und Wissenschaft waren eine hinreichende Empfehlung bei dieser geistreichen Fürstin, welche, selbst große Kennerin des Schönen und Wahren, für die Religion ihrer Lieblinge, deren Kenntnisse und Geist sie verehrte, nicht schwer zu gewinnen war. Ein glänzender Kreis von Gelehrten umgab diese Fürstin, und die Freiheit des Geistes, welche in diesem geschmackvollen Zirkel herrschte, konnte nicht anders als eine Lehre begünstigen, welche mit der Befreiung vom Joche der Hierarchie und des Aberglaubens angefangen hatte. An dem Hof dieser Königin fand die gedrückte Religion eine Zuflucht; manches Opfer wurde durch sie dem blutdürstigen Verfolgungsgeist entzogen, und die noch kraftlose Partei hielt sich an diesem schwachen Ast gegen das erste Ungewitter fest, das sie sonst in ihrem noch zarten Anfang so leicht hätte hinraffen können. Die Verbindungen, in welche Franz I. mit den deutschen Protestanten getreten war, hatten auf die Maßregeln keinen Einfluß, deren er sich gegen seine eignen protestantischen Unterthanen bediente. Das Schwert der Inquisition war in jeder Provinz gegen sie gezückt. und zu eben der Zeit, wo dieser zweideutige Monarch die Fürsten des Schmalkaldischen Bundes gegen Karl V., seinen Nebenbuhler, aufforderte, erlaubt er dem Blutdurst seiner Inquisitoren, gegen das schuldlose Volk der Waldenser, ihre Glaubensgenossen, mit Schwert und Feuer zu wüthen. Barbarisch und schrecklich, sagt der Geschichtschreiber de Thou, war der Spruch, der gegen sie gefällt ward, barbarischer noch und schrecklicher seine Vollstreckung. Zwei und zwanzig Dörfer legte man in die Asche, mit einer Unmenschlichkeit, wovon sich bei den rohesten Völkern kein Beispiel findet. Die unglückseligen Bewohner, bei Nachtzeit überfallen und bei dem Schein ihrer brennenden Habe von Gebirge zu Gebirge gescheucht, entrannen hier einem Hinterhalte nur, um dort in einen andern zu fallen. Das jämmerliche Geschrei der Alten, der Frauenspersonen und der Kinder, weit entfernt, das Tigerherz der Soldaten zu erweichen, diente zu nichts, als diese letztern auf die Spur der Flüchtigen zu führen und ihrer Mordbegier das Opfer zu verrathen. Ueber siebenhundert dieser Unglücklichen wurden in der einzigen Stadt Cabrières mit kalter Grausamkeit erschlagen, alle Frauenspersonen dieses Orts im Dampf einer brennenden Scheune erstickt und die, welche sich von oben herab flüchten wollten, mit Piken aufgefangen. Selbst an dem Erdreich, welches der Fleiß dieses sanften Volks aus einer Wüste zum blühenden Garten gemacht hatte, ward der vermeintliche Irrglaube seiner Pflüger bestraft. Nicht bloß die Wohnungen riß man nieder, auch die Bäume wurden umgehauen, die Saaten zerstört, die Felder verwüstet und das lachende Land in eine traurige Wildniß verwandelt.

Der Unwille, den diese eben so unnütze als beispiellose Grausamkeit erweckte, führte dem Protestantismus mehr Bekenner zu, als der inquisitorische Eifer der Geistlichkeit würgen konnte. Mit jedem Tage wuchs der Anhang der Neuerer, besonders seitdem in Genf *Calvin* mit einem neuen Religionssystem aufgetreten war und durch seine Schrift vom christlichen Unterricht die schwankenden Lehrmeinungen fixirt, dem ganzen Gottesdienst eine mehr regelmäßige Gestalt gegeben und die unter sich selbst nicht recht einigen Glieder seiner Kirche unter einer bestimmten Glaubensformel vereinigt hatte. In kurzem gelang es der strengeren und einfacheren Religion des französischen Apostels, bei seinen Landsleuten Luthern selbst zu verdrängen, und seine Lehre fand eine desto günstigere Aufnahme, je mehr sie von Mysterien und lästigen Gebräuchen gereinigt war, und je mehr sie es der lutherischen an Entfernung vom Papstthum zuvorthat.

Das Blutbad unter den Waldensern zog die Calvinisten, deren Erbitterung jetzt keine Furcht mehr kannte, an das Licht hervor. Nicht zufrieden, wie bisher, sich im Dunkel der Nacht zu versammeln, wagten sie es jetzt, durch öffentliche Zusammenkünfte den Nachforschungen der Obrigkeit Hohn zu sprechen und selbst in den Vorstädten von Paris die Psalmen des Marot in großen Versammlungen abzusingen. Der Reiz des Neuen führte bald ganz Paris herbei, und mit dem Wohlklang und der Anmuth dieser Lieder wußte sich ihre Religion selbst in manche Gemüther zu schmeicheln. Der gewagte Schritt hatte ihnen zugleich ihre furchtbare Anzahl gezeigt, und bald folgten die Protestanten in dem übrigen Königreich dem Beispiel, das ihre Brüder in der Hauptstadt gegeben.

Heinrich II., ein noch strengerer Verfolger ihrer Partei als sein Vater, nahm jetzt vergebens alle Schrecken der königlichen Strafgewalt gegen sie zu Hilfe. Vergebens wurden die Edikte geschärft, welche ihren Glauben verdammten. Umsonst erniedrigte sich dieser Fürst so weit, durch seine königliche Gegenwart den Eindruck ihrer Hinrichtungen zu erhöhen und ihre Henker zu ermuntern. In den großen Städten Frankreichs rauchten Scheiterhaufen, und nicht einmal aus seiner eigenen Gegenwart konnte Heinrich den Calvinismus verbannen. Diese Lehre hatte unter der Armee, auf den Gerichtsstühlen, hatte selbst an seinem Hof zu St. Germain Anhänger gefunden, und Franz von Coligny, Herr von Andelot, Obrister des französischen Fußvolks, erklärte dem König mit dreister Stirn ins Gesicht, daß er lieber sterben wolle, als eine Messe besuchen.

Endlich aufgeschreckt von der immer mehr um sich greifenden Gefahr, welche die Religion seiner Völker und, wie man ihn fürchten ließ, selbst seinen Thron bedrohte, überließ sich dieser Fürst allen gewalttätigen Maßregeln, welche die Habsucht der Höflinge und der unreine Eifer des Clerus ihm diktierte. Um durch einen entscheidenden Schritt den Muth der Partei auf einmal zu Boden zu schlagen, erschien er eines Tages selbst im Parlamente, ließ dort fünf Glieder dieses Gerichtshofs, die sich den neuen Meinungen günstig zeigten, gefangen nehmen und gab Befehl, ihnen schleunig den Prozeß zu machen. Von jetzt an erfuhr die neue Sekte keine Schonung mehr. Das verworfne Gezücht der Angeber wurde durch versprochne Belohnungen ermuntert, alle Gefängnisse des Reichs in kurzem mit Schlachtopfern der Unduldsamkeit angefüllt; Niemand wagte es, für sie die Stimme zu erheben. Die reformierte Partei in Frankreich stand jetzt, 1559, am Rand ihres Untergangs; ein mächtiger unwiderstehlicher Fürst, mit ganz Europa im Frieden und unumschränkter Herr von allen Kräften des Königreichs, zu diesem großen Werke von dem Papst und von Spanien selbst begünstigt, hatte ihr das Verderben geschworen. Ein unerwarteter Glücksfall mußte sich ins Mittel schlagen, dieses abzuwenden, welches auch geschah. Ihr unversöhnlicher Feind starb mitten unter diesen Zurüstungen, von einem Lanzensplitter verwundet, der ihm bei einem festlichen Turnier in das Auge flog.

Dieser unverhoffte Hintritt Heinrichs II. war der Eingang zu den gefährlichen Zerrüttungen, welche ein halbes Jahrhundert lang das Königreich zerrissen und die Monarchie ihrem gänzlichen Untergang nahe brachten. Heinrich hinterließ seine Gemahlin Katharina, aus dem herzoglichen Hause von Medicis in Florenz, nebst vier unreifen Söhnen, unter denen der älteste, Franz, kaum das sechzehnte Jahr erreicht hatte. Der König war bereits mit der jungen Königin von Schottland, Maria Stuart, vermählt, und so mußte sich das Scepter zweier Reiche in zwei Händen vereinigen, die noch lange nicht geschickt waren, sich selbst zu regieren. Ein Heer von Ehrgeizigen streckte schon gierig die Hände darnach aus, es ihnen zu erleichtern, und Frankreich war das unglückliche Opfer des Kampfs, der sich darüber entzündete.

Besonders waren es zwei mächtige Faktionen, welche sich ihren Einfluß bei dem jungen Regentenpaar und die Verwaltung des Königreichs streitig machten. An der Spitze der einen stand der Connetable von Frankreich, Anna von Montmorency, Minister und Günstling des verstorbnen Königs, um den er sich durch seinen Degen und einen strengen, über alle Verführung erhabnen Patriotismus verdient gemacht hatte. Ein gleichmütiger, unbeweglicher Charakter, den keine Widerwärtigkeit erschüttern, kein Glücksfall schwindlicht machen konnte. Diesen gesetzten Geist hatte er bereits unter den vorigen Regierungen bewiesen, wo er mit gleicher Gelassenheit und mit gleich standhaftem Muth den Wankelmuth seines Monarchen und den Wechsel des Kriegsglücks ertrug. Der Soldat wie der Höfling, der Financier wie der Richter zitterten vor seinem durchdringenden Blick, den keine Täuschung blendete, vor diesem Geiste der Ordnung, der keinen Fehltritt vergab, vor dieser festen Tugend, über die keine Versuchung Macht hatte. Aber in der rauhen Schule des Kriegs erwachsen und an der Spitze der Armeen gewöhnt, unbedingten Gehorsam zu erzwingen, fehlte ihm die Geschmeidigkeit des Staatsmanns und Höflings, welche durch Nachgeben siegt und durch Unterwerfung gebietet. Groß auf der Waffenbühne, verscherzte er seinen Ruhm auf der andern, welche der Zwang der Zeit ihm jetzt anwies, welche ihm Ehrgeiz und Patriotismus zu betreten befahlen. Solch ein Mann war nirgends an seinem Platze, als wo er herrschte, und nur gemacht, sich auf der ersten Stelle zu behaupten, aber nicht wohl fähig, mit hofmännischer Kunst darnach zu ringen.

Lange Erfahrung, Verdienste um den Staat, die selbst der Neid nicht zu verringern wagte, eine Redlichkeit, der auch seine Feinde huldigten, die Gunst des verstorbnen Monarchen, der Glanz seines Geschlechts schienen den Connetable zu dem ersten Posten im Staat zu berechtigen und jeden fremden Anspruch im Voraus zu entfernen. Aber ein *Mann* gehörte auch dazu, das Verdienst eines *solchen* Dieners zu würdigen, und eine ernstliche Liebe zum allgemeinen Wohl, um seinem gründlichen innern Werth die rauhe Außenseite zu vergeben. Franz II. war ein Jüngling, den der Thron nur zum Genusse, nicht zur Arbeit rief, dem ein so strenger Aufseher seiner Handlungen nicht willkommen sein konnte, Montmorencys austere Tugend, die ihn bei dem Vater und Großvater in Gunst gesetzt hatte, gereichte ihm bei dem leichtsinnigen, schwachen Sohn zum Verbrechen und machte es der entgegengesetzten Cabale leicht, über diesen Gegner zu triumphieren.

Die Guisen, ein nach Frankreich verpflanzter Zweig des Lothringischen Fürstenhauses, waren die Seele dieser furchtbaren Faktion. Franz von Lothringen, Herzog von Guise, Oheim der regierenden Königin, vereinigte in seiner Person alle Eigenschaften, welche die Aufmerksamkeit der Menschen fesseln und eine Herrschaft über sie erwerben. Frankreich verehrte in ihm seinen Retter, den Wiederhersteller seiner Ehre vor der ganzen europäischen Welt. An seiner Geschicklichkeit und seinem Muth war das Glück Karls V. gescheitert; seine Entschlossenheit hatte die Schande der Vorfahren ausgelöscht und den Engländern Calais, ihre letzte Besitzung auf französischem Boden, nach einem zweihundertjährigen Besitze entrissen. Sein Name war in Aller Munde, seine Bewundrung lebte in Aller Herzen. Mit dem weitsehenden Herrscherblicke des Staatsmanns und Feldherrn verband er die Kühnheit des Helden und die Gewandtheit des Höflings. Wie das Glück, so hatte schon die Natur ihn zum Herrscher der Menschen gestempelt. Edel gebildet, von erhabner Statur, königlichem Anstand und offner gefälliger Miene, hatte er schon die Sinne bestochen, ehe er die Gemüther sich unterjochte. Den Glanz seines Ranges und seiner Macht erhob eine natürliche angestammte Würde, die, um zu herrschen, keines äußern Schmucks zu bedürfen schien. Herablassend, ohne sich zu erniedrigen, mit dem Geringsten gesprächig, frei und vertraulich, ohne die Geheimnisse seiner Politik preiszugeben, verschwenderisch gegen seine Freunde und großmüthig gegen den entwaffneten Feind, schien er bemüht zu sein, den Neid mit seiner Größe, den Stolz einer eifersüchtigen Nation mit seiner Macht auszusöhnen. Alle diese Vorzüge aber waren nur Werkzeuge einer unersättlichen stürmischen Ehrbegierde, die, von keinem Hinderniß geschreckt, von keiner Betrachtung aufgehalten, ihrem hochgesteckten Ziel furchtlos entgegenging und, gleichgültig gegen das Schicksal von Tausenden, von der allgemeinen Verwirrung nur begünstigt, durch alle Krümmungen der Cabale und mit allen Schrecknissen der Gewalt ihre verwegnen Entwürfe verfolgte. Dieselbe Ehrfurcht, von nicht geringern Gaben unterstützt, beherrschte den Cardinal von Lothringen, Bruder des Herzogs, der, eben so mächtig durch Wissenschaft und Beredsamkeit, als jener durch seinen Degen, furchtbarer im Scharlach als der Herzog im Panzerhemd, seine Privatleidenschaften mit dem Schwert der Religion bewaffnete und die schwarzen Entwürfe seiner Ehrsucht mit diesem heiligen Schleier bedeckte. Ueber den gemeinschaftlichen Zweck einverstanden, theilte sich dieses unwiderstehliche Brüderpaar in die Nation, die, ehe sie es wußte, in seinen Fesseln sich krümmte.

Leicht war es beiden Brüdern, sich der Neigung des jungen Königs zu bemächtigen, den seine Gemahlin, ihre Nichte, unumschränkt leitete; schwerer, die Königin Mutter Katharine für ihre Absichten zu gewinnen. Der Name einer Mutter des Königs machte sie an einem getheilten Hofe mächtig, mächtiger noch die natürliche Ueberlegenheit ihres Bestandes über das Gemüth ihres schwachen Sohnes; ein verborgner, in Ränken erfinderischer Geist, mit einer grenzenlosen Begierde zum Herrschen vereinigt, konnte sie zu einer furchtbaren Gegnerin machen. Ihre Gunst zu erschleichen, wurde deßwegen kein Opfer gespart, keine Erniedrigung gescheuet. Keine Pflicht war so heilig, die man nicht verletzte, ihren Neigungen zu schmeicheln; keine Freundschaft so festgeknüpft, die nicht zerrissen wurde, ihrer Rachsucht ein Opfer preiszugeben; keine Feindschaft so tief gewurzelt, die man nicht gegen ihre Günstlinge ablegte. Zugleich unterließ man nichts, was den Connetable bei der Königin stürzen konnte, und so gelang es wirklich der Cabale, die gefährliche Verbindung zwischen Katharinen und diesem Feldherrn zu verhindern.

Unterdessen hatte der Connetable alles in Bewegung gesetzt, sich einen furchtbaren Anhang zu verschaffen, der die lothringische Partei überwiegen könnte. Kaum war Heinrich todt, so wurden alle Prinzen von Geblüt, und unter diesen besonders Anton von Bourbon, König von Navarra, von ihm herbeigerufen, bei dem Monarchen den Posten einzunehmen, zu dem ihr Rang und ihre Geburt sie berechtigte. Aber ehe sie noch Zeit hatten, zu erscheinen, waren ihnen die Guisen schon bei dem Könige zuvorgekommen. Dieser erklärte den Abgesandten des Parlaments, die ihn zu seinem Regierungsantritt begrüßten, daß man sich künftig in jeder Angelegenheit des Staats an die lothringischen Prinzen zu wenden habe. Auch nahm der Herzog sogleich Besitz von dem Commando der Truppen; der Cardinal von Lothringen erwählte sich den wichtigen Artikel der Finanzen zu seinem Antheil. Montmorency erhielt eine frostige Weisung, sich auf seinen Gütern zur Ruhe zu begeben. Die mißvergnügten Prinzen von Geblüte hielten darauf eine Zusammenkunft zu Vendome, welche der Connetable abwesend leitete, um sich über die Maßregeln gegen den gemeinschaftlichen Feind zu bereden. Den Beschlüssen derselben zufolge wurde der König von Navarra an den Hof abgeschickt, bei der Königin Mutter noch einen letzten Versuch der Unterhandlung zu wagen, ehe man sich gewaltsame Mittel erlaubte. Dieser Auftrag war einer allzu ungeschickten Hand anvertraut, um seinen Zweck nicht zu verfehlen. Anton von Navarra, von der Allgewalt der Guisen in Furcht gesetzt, die sich ihm in der ganzen Fülle ihrer Herrlichkeit zeigten, verließ Paris und den Hof unverrichteter Dinge, und die lothringischen Brüder blieben Meister vom Schauplatz.

Dieser leichte Sieg machte sie keck, und jetzt fingen sie an, keine Schranken mehr zu scheuen. Im Besitz der öffentlichen Einkünfte, hatten sie bereits unsägliche Summen verschwendet, um ihre Creaturen zu belohnen. Ehrenstellen, Pfründen, Pensionen wurden mit freigebiger Hand zerstreut, aber mit dieser Verschwendung wuchs nur die Gierigkeit der Empfänger und die Zahl der Candidaten, und was sie bei dem kleinern Theil dadurch gewannen, verdarben sie bei einem weit größern, welcher leer ausging. Die Habsucht, mit

der sie sich selbst den besten Theil an dem Raube des Staats zueig-
neten, der beleidigende Trotz, mit dem sie sich auf Unkosten der
vornehmsten Häuser in die wichtigsten Bedienungen eindrängten,
machte allgemein die Gemüther schwierig; nichts aber war für die
Franzosen empörender, als was sich der hochfahrende Stolz des
Cardinals von Lothringen zu Fontainebleau erlaubte. An diesen
Lustort, wo der Hof sich damals aufhielt, hatte die Gegenwart des
Monarchen eine große Menge von Personen gezogen, die entweder
um rückständigen Sold und Gnadengelder zu flehen oder für ihre
geleisteten Dienste die verdienten Belohnungen einzufordern gekommen waren. Das Ungestüm dieser Leute, unter denen sich zum
Theil die verdientesten Officiers der Armee befanden, belästigte den
Cardinal. Um sich ihrer auf einmal zu entledigen, ließ er nahe am
königlichen Schlosse einen Galgen aufrichten und zugleich durch
den öffentlichen Ausrufer verkündigen, daß Jeder, weß Standes er
auch sei, den ein Anliegen nach Fontainebleau geführt, bei Strafe
dieses Galgens, innerhalb vierundzwanzig Stunden Fontainebleau
zu räumen habe. Behandlungen dieser Art erträgt der Franzose
nicht und darf sie unter allen Völkern von seinem Könige am we-
nigsten ertragen. Zwar ward es an einem einzigen Tage dadurch
leer in Fontainebleau, aber zugleich wurde auch der Keim des Un-
muths in mehr als tausend Herzen nach allen Provinzen des Königreichs mit hinweg getragen.

Bei den Fortschritten, welche der Calvinismus gegen das Ende
von Heinrichs Regierung in dem Königreich gethan hatte, war es
von der größten Wichtigkeit, welche Maßregeln die neuen Minister
dagegen ergreifen würden. Aus Ueberzeugung sowohl als Interesse
eifrige Anhänger des Papstes, vielleicht damals schon geneigt, sich
beim Drang der Umstände auf spanische Hilfe zu stützen, zugleich
von der Nothwendigkeit überzeugt, die zahlreichste und mächtigs-
te Hälfte der Nation durch einen wahren oder verstellten Glaubenseifer zu gewinnen, konnten sie sich keinen Augenblick über die
Partei bedenken, welche unter diesen Umständen zu ergreifen war.
Heinrich II. hatte noch kurz vor seinem Ende den Untergang der
Calvinisten beschlossen, und man brauchte bloß der schon ange-
fangenen Verfolgung den Lauf zu lassen, um dieses Ziel zu erreichen. Sehr kurz also war die Frist, welche der Tod dieses Königs
den Protestanten vergönnte. In seiner ganzen Wuth erwachte der

Verfolgungsgeist wieder, und die lothringischen Prinzen bedachten sich um so weniger, gegen eine Religionspartei zu wüthen, die ein großer Theil ihrer Feinde längst im Stillen begünstigte.

Der Proceß des berühmten Parlamentsraths Anna du Bourg verkündigte die blutigen Maßregeln der neuen Regierung. Er büßte seine fromme Sündhaftigkeit am Galgen; die vier übrigen Räthe, welche zugleich mit ihm gefangen gesetzt worden, erfuhren eine gelindere Behandlung. Dieser unzweideutige öffentliche Schritt der lothringischen Prinzen gegen den Calvinismus verschaffte den mißvergnügten Großen eine erwünschte Gelegenheit, die ganze reformierte Partei gegen das Ministerium in Harnisch zu bringen und die Sache ihrer gekränkten Ehrsucht zu einer Sache der Religion, zu einer Angelegenheit der ganzen protestantischen Kirche zu machen. Jetzt also geschah die unglücksvolle Verwechselung politischer Beschwerden mit dem Glaubens-Interesse, und wider die politische Unterdrückung wurde der Religionsfanatismus zu Hilfe gerufen. Mit etwas mehr Mäßigung gegen die mißtrauischen Calvinisten war es den Guisen leicht, den durch ihre Zurücksetzung erbitterten Großen eine furchtbare Stütze zu entziehen und so einen schrecklichen Bürgerkrieg in der Geburt zu ersticken. Dadurch, daß sie beide Parteien, die Mißvergnügten und die durch ihre Zahl bereits furchtbaren Calvinisten, aufs Aeußerste brachten, zwangen sie beide, einander zu suchen, ihre Rachgier und ihre Furcht sich wechselseitig mitzutheilen, ihre verschiednen Beschwerden zu vermengen und ihre getheilten Kräfte in einer einzigen drohenden Faktion zu vereinigen. Von jetzt an sah der Calviniste in den Lothringern nur die Unterdrücker seines Glaubens und in Jedem, den ihr Haß verfolgte, nur ein Opfer ihrer Intoleranz, welches Rache forderte. Von jetzt an erblickte der Katholike in eben diesen Lothringern nur die Beschützer seiner Kirche und in Jedem, der gegen sie aufstand, nur den Hugenotten, der die rechtgläubige Kirche zu stürzen suche. Jede Partei erhielt jetzt einen Anführer, jeder ehrgeizige Große eine mehr oder minder furchtbare Partei. Das Signal zu einer allgemeinen Trennung ward gegeben, und die ganze hintergangne Nation in den Privatstreit einiger gefährlichen Bürger gezogen.

An die Spitze der Calvinisten stellten sich die Prinzen von Bourbon, Anton von Navarra und Ludwig Prinz von Condé, nebst der berühmten Familie der Chatillons, durch den großen Namen des Admirals von Coligny in der Geschichte verherrlicht. Ungern genug riß sich der wollüstige Prinz von Condé aus dem Schooß des Vergnügens, um das Haupt einer Partei gegen die Guisen zu werden; aber das Uebermaß ihres Stolzes und eine Reihe erlittner Beleidigungen hatten seinen schlummernden Ehrgeiz endlich aus einer trägen Sinnlichkeit erweckt; die dringenden Aufforderungen der Chatillons zwangen ihn, das Lager der Wollust mit dem politischen und kriegerischen Schauplatz zu vertauschen. Das Haus Chatillon stellte in diesem Zeitraum drei unvergleichliche Brüder auf, von denen der Aelteste, Admiral Coligny, der öffentlichen Sache durch seinen Feldherrngeist, seine Weisheit, seinen ausdauernden Muth, der zweite, Franz von Andelot, durch seinen Degen, der dritte, Cardinal von Chatillon, Bischof von Beauvais, durch seine Geschicklichkeit in Unterhandlungen und seine Verschlagenheit diente. Eine seltne Harmonie der Gesinnungen vereinigte diese sich sonst so ungleichen Charaktere zu einem furchtbaren Dreiblatt, und die Würden, welche sie bekleideten, die Verbindungen, in denen sie standen, die Achtung, welche ihr Name zu erwecken gewohnt war, gaben der Unternehmung ein Gewicht, an deren Spitze sie traten.

Auf einem von den Schlössern des Prinzen von Condé, an der Grenze der Picardie, hielten die Mißvergnügten eine geheime Versammlung, auf welcher ausgemacht wurde, den König aus der Mitte seiner Minister zu entführen und sich zugleich dieser Letztern todt oder lebendig zu bemächtigen. So weit war es gekommen, daß man die Person des Monarchen bloß als eine *Sache* betrachtete, die an sich selbst nichts bedeutete, aber in den Händen Derer, welche sich ihres Besitzes rühmten, ein furchtbares Instrument der Macht werden konnte. Da dieser verwegene Entwurf nur mit den Waffen in der Hand konnte durchgesetzt werden, so ward auf eben dieser Versammlung beschlossen, eine militärische Macht aufzubringen, welche sich alsdann in einzelnen kleinen Haufen, um keinen Verdacht zu erregen, aus allen Distrikten des Königreichs in Blois zusammenziehen sollte, wo der Hof das Frühjahr zubringen würde. Da sich die ganze Unternehmung als eine Religionssache abschildern ließ, so hielt man sich der kräftigsten Mitwirkung der Calvinisten versichert, deren Anzahl im Königreich damals schon auf zwei Millionen geschätzt wurde. Aber auch viele der aufrichtigsten Katholiken zog man durch die Vorstellung, daß es nur gegen die Guisen abgesehen sei, in die Verschwörung. Um den Prinzen von Condé, als den eigentlichen Chef der ganzen Unternehmung, der aber für rathsam hielt, vorjetzt noch unsichtbar zu bleiben, desto besser zu verbergen, gab man ihr einen untergeordneten sichtbaren Anführer in der Person eines gewissen *Renaudie*, eines Edelmanns aus Perigord, den sein verwegner, in schlimmen Händeln und Gefahren bewährter Muth, seine unermüdete Thätigkeit, seine Verbindungen im Staat und der Zusammenhang mit den ausgewanderten Calvinisten zu diesem Posten besonders geschickt machten. Verbrechen halber hatte derselbe längst schon die Rolle eines Flüchtlings spielen müssen, und die Kunst der Verborgenheit, welche sein jetziger Auftrag von ihm forderte, zu seiner eignen Erhaltung in Ausübung bringen lernen. Die ganze Partei kannte ihn als ein entschloßnes, jedem kühnen Streiche gewachsenes Subjekt, und die enthusiastische Zuversicht, die ihn selbst über jedes Hinderniß erhob, konnte sich von ihm aus allen Mitgliedern der Verschwörung mittheilen.

Die Vorkehrungen wurden aufs beste getroffen und alle möglichen Zufälle im Voraus in Berechnung gebracht, um dem Ohngefähr so wenig als möglich anzuvertrauen. Renaudie erhielt eine ausführliche Instruktion, worin nichts vergessen war, was der Unternehmung einen glücklichen Ausschlag zusichern konnte. Der eigentliche verborgne Führer derselben, hieß es, würde sich nennen und öffentlich hervortreten, sobald es zur Ausführung käme. Zu Nantes in Bretagne, wo eben damals das Parlament seine Sitzungen hielt und eine Reihe von Lustbarkeiten, zu denen die Vermählungsfeier einiger Großen dieser Provinz die zufällige Veranlassung gab, die herbeiströmende Menge schicklich entschuldigen konnte, versammelte Renaudie im Jahr 1560 seine Edelleute. Aehnliche Umstände nutzten wenige Jahre nachher die Geusen in Brüssel, um ihr Complott gegen den spanischen Minister Granvella zu Stande zu bringen. In einer Rede voll Beredsamkeit und Feuer, welche uns der Geschichtschreiber de Thou aufbehalten hat, entdeckte Renaudie Denen, die es noch nicht wußten, die Absicht ihrer Zusammenberufung und suchte die Uebrigen zu einer thätigen Theilnahme anzufeuern. Nichts wurde darin gespart, die Guisen in das gehässigste Licht zu setzen, und mit arglistiger Kunst alle Uebel, von welchen die Nation seit ihrem Eintritt in Frankreich heimgesucht worden, auf ihre Rechnung geschrieben. Ihr schwarzer Entwurf sollte sein, durch Entfernung der Prinzen von Geblüt, der Verdientesten und Edelsten von des Königs Person und der Staatsverwaltung den jungen Monarchen, dessen schwächliche Person, wie man sich merken ließ, in solchen Händen nicht am sichersten aufgehoben wäre, zu einem blinden Werkzeug ihres Willens zu machen und, wenn es auch durch Ausrottung der ganzen königlichen Familie geschehen sollte, ihrem eigenen Geschlecht den Weg zu dem französischen Throne zu bahnen. Dies einmal vorausgesetzt, war keine Entschließung so kühn, kein Schritt gegen sie so strafbar, den nicht die Ehre selbst und die reinste Liebe zum Staat rechtfertigen konnte, ja gebot. »Was mich betrifft,« schloß der Redner mit dem heftigsten Uebergang, »so schwöre ich, so betheure ich und nehme den Himmel zum Zeugen, daß ich weit entfernt bin, etwas gegen den Monarchen, gegen die Königin, seine Mutter, gegen die Prinzen seines Bluts weder zu denken, noch zu reden, noch zu thun; aber ich betheure und schwöre, daß ich bis zu meinem letzten Hauch gegen die Eingriffe dieser Ausländer vertheidigen werde die Majestät des Throns und die Freiheit des Vaterlandes.«

Eine Erklärung dieser Art konnte ihren Eindruck auf Männer nicht verfehlen, die, durch so viele Privatbeschwerden aufgebracht, von dem Schwindel der Zeit und einem blinden Religionseifer hingerissen, der heftigsten Entschließungen fähig waren. Alle wiederholten einstimmig diesen Eidschwur, den sie schriftlich aufsetzten und durch Handschlag und Umarmung besiegelten. Merkwürdig ist die Aehnlichkeit, welche sich zwischen dem Betragen dieser Verschwornen zu Nantes und dem Verfahren der Conföderirten in Brüssel entdecken läßt. Dort wie hier ist es der rechtmäßige Oberherr, den man gegen die Anmaßungen seines Ministers zu vertheidigen scheinen will, während daß man kein Bedenken trägt, eins seiner heiligsten Rechte, seine Freiheit in der Wahl seiner Diener, zu kränken; dort wie hier ist es der Staat, den man gegen Unterdrückung sicher zu stellen sich das Ansehen geben will, indem man ihn doch offenbar allen Schrecknissen eines Bürgerkriegs überliefert. Nachdem man über die zu nehmenden Maßregeln einig war und den 15. Mai 1560 zum Termin, die Stadt Blois zu dem Ort der Vollstreckung bestimmt hatte, schied man auseinander, jeder Edelmann nach seiner Provinz, um die nöthige Mannschaft in Bewegung zu setzen. Dies geschah mit dem besten Erfolge, und das Geheimniß des Entwurfes litt nichts durch die Menge Derer, die zur Vollstreckung nöthig waren. Der Soldat verdingte sich dem Capitän, ohne den Feind zu wissen, gegen den er zu fechten bestimmt war. Aus den entlegeneren Provinzen fingen schon kleine Haufen an zu marschieren, welche immer mehr anschwellten, je näher sie ihrem Standorte kamen. Truppen häuften sich schon im Mittelpunkt des Reichs, während die Guisen zu Blois, wohin sie den König gebracht hatten, noch in sorgloser Sicherheit schlummerten. Ein dunkler Wink, der sie vor einem ihnen drohenden Anschlage warnte, zog sie endlich aus dieser Ruhe und vermochte sie, den Hof von Blois nach Amboise zu verlegen, welche Stadt ihrer Citadelle wegen gegen einen unvermutheten Ueberfall länger, wie man hoffte, zu behaupten war.

Dieser Querstreich konnte bloß eine kleine Abänderung in den Maßregeln der Verschworenen bewirken, aber im Wesentlichen ihres Entwurfs nichts verändern. Alles ging ungehindert seinen Gang, und nicht ihrer Wachsamkeit, nicht der Verrätherei eines Mitverschwornen, dem bloßen Zufall dankten die Guisen ihre Errettung. Renaudie selbst beging die Unvorsichtigkeit, einem Advocaten zu Paris, mit Namen Avenelles, seinem Freund, bei dem er wohnte, den ganzen Anschlag zu offenbaren, und das furchtsame Gewissen dieses Mannes verstattete ihm nicht, ein so gefährliches Geheimniß bei sich zu behalten. Er entdeckte es einem Geheimschreiber des Herzogs von Guise, der ihn in größter Eile nach Amboise schaffen ließ, um dort seine Aussage vor dem Herzoge zu wiederholen. So groß die Sorglosigkeit der Minister gewesen, so groß war jetzt ihr Schrecken, ihr Mißtrauen, ihre Verwirrung. Was sie umgab, ward ihnen verdächtig. Bis in die Löcher der Gefängnisse suchte man, um dem Complot auf den Grund zu kommen. Weil man nicht mit Unrecht voraussetzte, daß die Chatillons um den Anschlag wüßten, so berief man sie unter einem schicklichen Vorwand nach Amboise, in der Hoffnung, sie hier besser beobachten zu können. Als man ihnen in Absicht der gegenwärtigen Umstände ihr Gutachten abforderte, bedachte Coligny sich nicht, aufs heftigste gegen die Minister zu reden und die Sache der Reformierten aufs lebhafteste zu verfechten. Seine Vorstellungen, mit der gegenwärtigen Furcht verbunden, wirkten auch so viel auf die Mehrheit des

Staatsraths, daß ein Edikt abgefaßt wurde, welches die Reformierten, mit Ausnahme ihrer Prediger und Aller, die sich in gewaltthätige Anschläge eingelassen, vor der Verfolgung in Sicherheit setzte. Aber dieses Nothmittel kam jetzt zu spät, und die Nachbarschaft von Amboise fing an, sich mit Verschwornen anzufüllen. Condé selbst erschien in starker Begleitung an diesem Ort, um die Aufrührer im entscheidenden Augenblick unterstützen zu können. Eine Anzahl derselben, hatte man ausgemacht, sollte sich ganz unbewaffnet und unter dem Vorgeben, eine Bittschrift überreichen zu wollen, an den Thoren von Amboise melden und, wofern sie keinen Widerstand fänden, mit Hilfe ihrer überlegenen Menge von den Straßen und Wällen Besitz nehmen. Zur Sicherheit sollten sie von einigen Schwadronen unterstützt werden, die auf das erste Zeichen des Widerstandes herbeieile und in Verbindung mit dem um die Stadt herum verbreiteten Fußvolk sich der Thore bemächtigen würden. Indem dies von außen her vorginge, würden die in der Stadt selbst verborgenen, meistens im Gefolge des Prinzen versteckten Theilhaber der Verschwörung zu den Waffen greifen und sich unverzüglich der lothringischen Prinzen, lebendig oder todt, versichern. Der Prinz von Condé zeigte sich dann öffentlich als das Haupt der Partei und ergriff ohne Schwierigkeit das Steuer der Regierung.

Dieser ganze Operationsplan wurde dem Herzog von Guise verrätherischer Weise mitgetheilt, der sich dadurch in den Stand gesetzt sah, bestimmtere Maßregeln dagegen zu ergreifen. Er ließ schleunig Soldaten werben und schickte allen Statthaltern der Provinzen Befehl zu, jeden Haufen von Gewaffneten, der auf dem Weg nach Amboise begriffen sei, aufzuheben. Der ganze Adel der Nachbarschaft wurde aufgeboten, sich zum Schutz des Monarchen zu bewaffnen. Mittelst scheinbarer Aufträge wurden die Verdächtigsten entfernt, die Chatillons und der Prinz von Condé in Amboise selbst beschäftigt und von Kundschaftern umringt, die königliche Leibwache abgewechselt, die zum Angriff bezeichneten Thore vermauert. Außerhalb der Stadt streiften zahlreiche fliegende Corps, die verdächtigen Ankömmlinge zu zerstreuen oder niederzuwerfen, und der Galgen erwartete Jeden, den das Unglück traf, lebendig in ihre Hände zu gerathen.

Unter diesen nachtheiligen Umständen langte Renaudie vor Amboise an. Ein Haufe von Verschwornen folgte auf den andern, das Unglück ihrer vorangegangenen Brüder schreckte die kommenden nicht ab. Der Anführer unterließ nichts, durch seine Gegenwart die Fechtenden zu ermuntern, die Zerstreuten zu sammeln, die Fliehenden zum Stehen zu bewegen. Allein, und nur von einem einzigen Mann begleitet, streifte er durch das Feld umher und wurde in diesem Zustand von einem Trupp königlicher Reiter nach dem tapfersten Widerstand erschossen. Seinen Leichnam schaffte man nach Amboise, wo er mit der Aufschrift: » *Haupt der Rebellen*,« am Galgen aufgeknüpft wurde. Ein Edikt folgte unmittelbar auf diesen Vorfall, welches jedem seiner Mitschuldigen, der die Waffen sogleich niederlegen würde, Amnestie zusicherte. Im Vertrauen auf dasselbe machten sich Viele schon auf den Rückweg, fanden aber bald Ursache, es zu bereuen. Ein letzter Versuch, den die Zurückgebliebnen gemacht hatten, sich der Stadt Amboise zu bemächtigen, der aber wie die vorigen vereitelt wurde, erschöpfte die Mäßigung der Guisen und brachte sie so weit, das königliche Wort zu widerrufen. Alle Provinzstatthalter erhielten jetzt Befehl, sich auf die Rückkehrenden zu werfen, und in Amboise selbst ergingen die fürchterlichsten Proceduren gegen Jeden, der den Lothringern verdächtig war. Hier wie im ganzen Königreich floß das Blut der Unglücklichen, die oft kaum das Verbrechen wußten, um derentwillen sie den Tod erlitten. Ohne alle Gerichtsform warf man sie, Arme und Füße gebunden, in die Loire, weil die Hände der Nachrichter nicht mehr zureichen wollten. Nur wenige von hervorstechenderem Range behielt man der Justiz vor, um durch ihre solenne Verurtheilung das vorhergegangene Blutbad zu beschönigen.

Indem die Verschwörung ein so unglückliches Ende nahm und so viele unwissende Werkzeuge derselben der Rache der Guisen aufgeopfert wurden, spielte der Prinz von Condé, der Schuldigste von allen und der unsichtbare Lenker des Ganzen, seine Rolle mit beispielloser Verstellungskunst und wagte es, dem Verdacht Trotz zu bieten, der ihn allgemein anklagte. Auf die Undurchdringlichkeit seines Geheimnisses sich stützend und überzeugt, daß die Tortur selbst seinen Anhängern nicht entreißen könnte, was sie nicht wußten, verlangte er Gehör bei dem König und drang darauf, sich förmlich und öffentlich rechtfertigen zu dürfen. Er that dieses in Gegenwart des ganzen Hofes und der auswärtigen Gesandten, welche ausdrücklich dazu geladen waren, mit dem edlen Unwillen eines unschuldig Angeklagten, mit der ganzen Festigkeit und Würde, welche sonst nur das Bewußtsein einer gerechten Sache einzuflößen pflegt. »Sollte,« schloß er, »sollte Jemand verwegen genug sein, mich als den Urheber der Verschwörung anzuklagen, zu behaupten, daß ich damit umgegangen, die Franzosen gegen die geheiligte Person ihres Königs aufzuwiegeln, so entsage ich hiermit dem Vorrechte meines Ranges und bin bereit, ihm mit diesem Degen zu beweisen, daß er lügt.« – »Und ich,« nahm Franz von Guise das Wort, »ich werde es nimmermehr zugeben, daß ein so schwarzer Verdacht einen so großen Prinzen entehre. Erlauben Sie mir also, Ihnen in diesem Zweikampf zu secondieren.« Und mit diesem Possenspiele ward eine der blutigsten Verschwörungen geendigt, welche die Geschichte kennt, eben so merkwürdig durch ihren Zweck und durch das große Schicksal, welches dabei auf dem Spiele stand, als durch ihre Verborgenheit und List, mit der sie geleitet wurde.

Noch lange nachher blieben die Meinungen über die wahren Triebfedern und den eigentlichen Zweck dieser Verschwörung getheilt; der Privatvortheil beider Parteien verleitete sie, den richtigen Gesichtspunkt zu verfälschen. Wenn die Reformierten in ihren öffentlichen Schriften ausbreiteten, daß einzig und allein der Verdruß über die unerträgliche Tyrannei der Guisen sie bewaffnet habe und der Gedanke ferne von ihnen gewesen sei, durch gewaltsame Mittel die Religionsfreiheit durchzusetzen, so wurde im Gegentheil die Verschwörung in den königlichen Briefen als gegen die Person des Monarchen selbst und gegen das ganze königliche Haus gerichtet vorgestellt, welche nichts Geringeres erzielt haben solle, als die

Monarchie zugleich mit der katholischen Religion umzustürzen und Frankreich in einen der Schweiz ähnlichen Republikenbund zu verwandeln. Es scheint, daß der bessere Theil der Nation anders davon geurtheilt und nur die Verlegenheit der Guisen sich hinter diesen Vorwand geflüchtet habe, um dem allgemein gegen sie erwachenden Unwillen eine andre Richtung zu geben. Das Mitleid mit den Unglücklichen, die ihre Rachsucht so grausam dahin geopfert hatte, machte auch sogar eifrige Katholiken geneigt, die Schuld derselben zu verringern, und die Protestanten kühn genug, ihren Antheil an dem Complot laut zu bekennen. Diese ungünstige Stimmung der Gemüther erinnerte die Minister nachdrücklicher, als offenbare Gewalt es nimmermehr gekonnt hätte, daß es Zeit sei, sich zu mäßigen; und so verschaffte selbst der Fehlschlag des Complots von Amboise den Calvinisten im Königreich, auf eine Zeit lang wenigstens, eine gelindere Behandlung.

Um, wie man vorgab, den Samen der Unruhen zu ersticken und auf einem friedlichen Weg das Königreich zu beruhigen, verfiel man darauf, mit den Vornehmsten des Reichs eine Berathschlagung anzustellen. Zu diesem Ende beriefen die Minister die Prinzen des Geblüts, den hohen Adel, die Ordensritter und die vornehmsten Magistratspersonen nach Fontainebleau, wo jene wichtigen Materien verhandelt werden sollten. Diese Versammlung erfüllte aber weder die Erwartung der Nation, noch die Wünsche der Guisen, weil das Mißtrauen der Bourbons ihnen nicht erlaubte, darauf zu erscheinen, und die übrigen Anführer der mißvergnügten Partei, die den Ruf nicht wohl ausschlagen konnten, den Krieg auf die Versammlung mitbrachten und durch ein zahlreiches, gewaffnetes Gefolge die Gegenpartei in Verlegenheit setzten. Aus den nachherigen Schritten der Minister möchte man den Argwohn der Prinzen nicht ganz für so ungegründet halten, welche diese ganze Versammlung nur als einen Staatsstreich der Guisen betrachteten, um die Häupter der Mißvergnügten ohne Blutvergießen in Einer Schlinge zu fangen. Da die gute Verfassung ihrer Gegner diesen Anschlag vereitelte, so ging die Versammlung selbst in unnützen Formalitäten und leeren Gezänken vorüber, und zuletzt wurden die streitigen Punkte bis zu einem allgemeinen Reichstag zurückgelegt, welcher mit nächstem in der Stadt Orleans eröffnet werden sollte.

Jeder Theil, voll Mißtrauen gegen den andern, benutzte die Zwischenzeit, sich in Vertheidigungsstand zu setzen und an dem Untergang seiner Gegner zu arbeiten. Der Fehlschlag des Complots von Amboise hatte den Intriguen des Prinzen von Condé kein Ziel setzen können. In Dauphiné, Provence und andern Gegenden brachte er durch seine geheimen Unterhändler die Calvinisten in Bewegung und ließ seine Anhänger zu den Waffen greifen. Seinerseits ließ der Herzog von Guise die ihm verdächtigen Plätze mit Truppen besetzen, veränderte die Befehlshaber der Festungen und sparte weder Geld noch Mühe, von jedem Schritt der Bourbons Wissenschaft zu erhalten. Mehrere ihrer Unterhändler wurden wirklich entdeckt und in Fesseln geworfen; verschiedne wichtige Papiere, welche über die Machinationen des Prinzen Licht gaben, geriethen in seine Hände. Dadurch gelang es ihm, den verderblichen Anschlägen auf die Spur zu kommen, welche Condé gegen ihn schmiedete und auf dem Reichstag zu Orleans Willens war zur Ausführung zu bringen. Eben dieser Reichstag beunruhigte die Bourbons nicht wenig, welche gleichviel dabei zu wagen schienen, sie mochten sich davon ausschließen, oder auf demselben erscheinen. Weigerten sie sich, den wiederholten Mahnungen des Königs zu gehorchen, so hatten sie alles für ihre Besitzungen, überlieferten sie sich ihren Feinden, so hatten sie nicht minder für ihre persönliche Sicherheit zu fürchten. Nach langen Berathschlagungen blieb es endlich bei dem Letzten, und beide Bourbons entschlossen sich zu diesem unglücklichen Gang.

Unter traurigen Vorbedeutungen näherte sich dieser Reichstag, und statt des wechselseitigen Vertrauens, welches so nöthig war, Haupt und Glieder zu Einem Zweck zu vereinigen und durch gegenseitige Nachgiebigkeit den Grund zu einer dauerhaften Versöhnung zu legen, erfüllten Argwohn und Erbitterung die Gemüther. Anstatt der erwarteten Gesinnungen des Friedens brachte jeder Theil ein unversöhnliches Herz und schwarze Anschläge auf die Versammlung mit, und das Heiligthum der öffentlichen Sicherheit und Ruhe war zu einem blutigen Schauplatz des Verraths und der Rache erkoren. Furcht vor Nachstellungen, welche die Guisen unaufhörlich ihm vorspiegelten, vergiftete die Ruhe des Königs, der in der Blüthe seiner Jahre sichtbar dahin welkte, von seinen nächsten Verwandten den Dolch gegen sich gezogen und, unter allen Vorzeichen des öffentlichen Elends, unter seinen Füßen das Grab sich schon öffnen sah. Melancholisch und Unglück weissagend war sein Einzug in die Stadt Orleans, und das dumpfe Getöse von Gewaffneten erstickte jeden Ausbruch der Freude. Die ganze Stadt wurde sogleich mit Soldaten angefüllt, welche jedes Thor, jede Straße besetzten. So ungewöhnliche Anstalten verbreiteten überall Unruhe und Angst und ließen einen finstern Anschlag im Hinterhalt befürchten.

Das Gerücht davon drang bis zu den Bourbons, noch ehe sie Orleans erreicht hatten, und machte sie eine Zeit lang unschlüssig, ob sie die Reise dahin fortsetzen sollten.

Aber hätten sie auch ihren Vorsatz geändert, so kam die Reue jetzt zu spät; denn ein Observationscorps des Königs, welches von allen Seiten sie umringte, hatte ihnen bereits jeden Rückweg abgeschnitten. So erschienen sie am 30. October 1560 zu Orleans, begleitet von dem Cardinal von Bourbon, ihrem Bruder, den ihnen der König mit den heiligsten Versicherungen seiner aufrichtigen Absichten entgegen gesandt hatte.

Der Empfang, den sie erhielten, widersprach diesen Versicherungen sehr. Schon von weitem verkündigte ihnen die frostige Miene der Minister und die Verlegenheit der Hofleute ihren Fall. Finstrer Ernst malte sich auf dem Gesichte des Monarchen, als sie vor ihn traten, ihn zu begrüßen, welcher bald gegen den Prinzen in die heftigsten Anklagen ausbrach. Alle Verbrechen, deren man Letztern bezichtigte, wurden ihm der Reihe nach vorgeworfen, und der Befehl zu seiner Verhaftung ist ausgesprochen, ehe er Zeit hat, auf diese überraschenden Beschuldigungen zu antworten.

Ein so rascher Schritt durfte nicht bloß zur Hälfte gethan werden. Papiere, die wider den Gefangenen zeugten, waren schon in Bereitschaft und alle Aussagen gesammelt, welche ihn zum Verbrecher machten; nichts fehlte als die Form des Gerichts. Zu diesem Ende setzte man eine außerordentliche Commission nieder, welche aus dem Pariser Parlament gezogen war und den Kanzler von Hopital an ihrer Spitze hatte. Vergebens berief sich der Angeklagte auf das Vorrecht seiner Geburt, nach welcher er nur von dem Könige selbst, den Pairs und dem Parlamente bei voller Sitzung gerichtet werden konnte. Man zwang ihn, zu antworten, und gebrauchte dabei noch die Arglist, über einen Privataufsatz, der nur für seinen Advokaten bestimmt, aber unglücklicherweise von des Prinzen Hand unterzeichnet war, als über eine förmliche gerichtliche Vertheidigung zu erkennen. Fruchtlos blieben die Verwendungen seiner Freunde, seiner Familie; vergeblich der Fußfall seiner Gemahlin vor dem König, der in dem Prinzen nur den Räuber seiner Krone, seinen Mörder erblickte. Vergeblich erniedrigte sich der König von Navarra vor den Guisen selbst, die ihn mit Verachtung und Härte zurückwiesen. Indem er für das Leben eines Bruders flehte, hing der Dolch der Verräther an einem dünnen Haare über seinem eignen Haupte. In den eignen Zimmern des Monarchen erwartete ihn eine Rotte von Meuchelmördern, welche, der genommnen Abrede gemäß, über ihn herfallen sollten, sobald der König durch einen heftigen Zank mit demselben ihnen das Zeichen dazu gäbe. Das Zeichen kam nicht, und Anton von Navarra ging unbeschädigt aus dem Kabinet des Monarchen, der zwar unedel genug, einen Meuchelmord zu beschließen, doch zu verzagt war, denselben in seinem Beisein vollstrecken zu lassen.

Entschloßner gingen die Guisen gegen Condé zu Werke, um so mehr, da die hinsinkende Gesundheit des Monarchen sie eilen hieß. Das Todesurtheil war gegen ihn gesprochen, die Sentenz von einem Theile der Richter schon unterzeichnet, als man den König auf einmal rettungslos darnieder liegen sah. Dieser entscheidende Umstand machte die Gegner des Prinzen stutzig und erweckte den Muth seiner Freunde; bald erfuhr der Verurtheilte selbst die Wirkungen davon in seinem Gefängniß. Mit bewundernswürdigem Gleichmuth und unbewölkter Heiterkeit des Geistes erwartete er hier, von der ganzen Welt abgesondert und von lauernden, feindselig gesinnten Wächtern umringt, den Ausschlag seines Schicksals, als ihm unerwartet Vorschläge zu einem Vergleich mit den Guisen gethan wurden. »Kein Vergleich,« erwiederte er, »als mit der Degenspitze.« Der zur rechten Zeit einfallende Tod des Monarchen ersparte es ihm, dieses unglückliche Wort mit seinem Kopf zu bezahlen.

Franz II. hatte den Thron in so zarter Jugend bestiegen, unter so wenig günstigen Umständen und bei so wankender Gesundheit besessen und so schnell wieder geräumt, daß man Anstand nehmen muß, ihn wegen der Unruhen anzuklagen, die seine kurze Regierung so stürmisch machten und sich auf seinen Nachfolger vererbten. Ein willenloses Organ der Königin, seiner Mutter, und der Guisen, seiner Oheime, zeigte er sich auf der politischen Bühne nur, um mechanisch die Rolle herzusagen, welche man ihn einlernen ließ, und zu viel war es wohl von seinen mittelmäßigen Gaben gefordert, das lügnerische Gewebe zu durchreißen, worin die Arglist der Guisen ihm die Wahrheit verhüllte. Nur ein einzigmal schien es, als ob sein natürlicher Verstand und seine Gutmüthigkeit die betrügerischen Künste seiner Minister zu nichte machen wollte. Die allgemeine und heftige Erbitterung, welche bei dem Complot von Amboise sichtbar wurde, konnte, wie sehr auch die Guisen ihn hüteten, dem jungen Monarchen kein Geheimniß bleiben. Sein Herz sagte ihm, daß dieser Ausbruch des Unwillens nimmermehr ihm selbst gelten konnte, der noch zu wenig gehandelt hatte, um Jemandes Zorn zu verdienen. »Was hab' ich denn gegen mein Volk verbrochen,« fragte er seine Oheime voll Erstaunen, »daß es so sehr gegen mich wüthet? Ich will seine Beschwerden vernehmen und ihm Recht verschaffen. – Mir däucht,« fuhr er fort, »es liegt am Tage, daß ihr dabei gemeint seid. Es wäre mir wirklich lieb, ihr entferntet euch eine Zeit lang aus meiner Gegenwart, damit es sich aufkläre, wem von uns Beiden es eigentlich gilt.« – Aber zu einer solchen Probe bezeigten die Guisen keine Lust, und es blieb bei dieser flüchtigen Regung.

Franz II. war ohne Nachkommenschaft gestorben, und das Scepter kam an den zweiten von Heinrichs Söhnen, einen Prinzen von nicht mehr als zehen Jahren, jenen unglücklichen Jüngling, dessen Namen das Blutbad der Bartholomäusnacht einer schrecklichen Unsterblichkeit weiht. Unter unglücksvollen Zeichen begann diese finstre Regierung. Ein naher Verwandter des Monarchen an der Schwelle des Blutgerüstes, ein andrer aus den Händen der Meuchelmörder nur eben durch einen Zufall entronnen; beide Hälften der Nation gegen einander im Aufruhr begriffen, und ein Theil derselben schon die Hand am Schwert; die Fackel des Fanatismus geschwungen; von ferne schon das hohle Donnern eines bürgerlichen Kriegs; der ganze Staat auf dem Wege zu seiner Zertrümmerung. Verrätherei im Innern des Hofes, im Innern der königlichen Familie Zwiespalt und Argwohn. Im Charakter der Nation eine widersprechende schreckliche Mischung von blindem Aberglauben, von lächerlicher Mystik und von Freigeisterei; von Rohigkeit der Gefühle und verfeinerter Sinnlichkeit; hier die Köpfe durch eine fanatische Mönchsreligion verfinstert, dort durch einen noch schlimmern Unglauben der Charakter verwildert; beide Extreme des Wahnsinns in fürchterlichem Bunde gepaart. Unter den Großen selbst mordgewohnte Hände, truggewohnte Lippen, naturwidrige empörende Laster, die bald genug alle Klassen des Volks mit ihrem Gifte durchdringen werden. Auf dem Throne ein Unmündiger in macchiavellischen Künsten aufgesäugt, heranwachsend unter bürgerlichen Stürmen, durch Fanatiker und Schmeichler erzogen, unterrichtet im Betruge, unbekannt mit dem Gehorsam eines glücklichen Volks, ungeübt im Verzeihen, nur durch das schreckliche Recht des Strafens seines Herrscheramtes sich bewußt, durch Krieg und Henker vertraut gemacht mit dem Blut seiner Unterthanen! – Von den Drangsalen eines offenbaren Kriegs stürzt der unglücksvolle Staat in die schreckliche Schlinge einer verborgen lauernden Verschwörung; von der Anarchie einer vormundschaftlichen Regierung befreit ihn nur eine kurze fürchterliche Ruhe, während welcher der Meuchelmord seine Dolche schleift. Frankreichs traurigster Zeitraum beginnt mit der Thronbesteigung Karls IX., um über ein Menschenalter lang zu dauern und nicht eher als in der glorreichen Regierung Heinrichs von Navarra zu endigen.

Der Tod ihres Erstgebornen und Karls IX. zartes Alter führte die Königin Mutter, *Katharina von Medicis*, auf den politischen Schauplatz, eine neue Staatskunst und neue Scenen des Elends mit ihr. Diese Fürstin, geizig nach Herrschaft, zur Intrigue geboren, ausgelernt im Betrug, Meisterin in allen Künsten der Verstellung, hatte mit Ungeduld die Fesseln ertragen, welche der alles verdrängende Despotismus der Guisen ihrer herrschenden Leidenschaft anlegte. Unterwürfig und einschmeichelnd gegen sie, so lange sie des Beistands der Königin wider Montmorency und die Prinzen von Bourbon bedurften, vernachlässigten sie dieselbe, sobald sie sich nur in ihrer usurpierten Würde befestigt sahen. Durch Fremdlinge sich aus dem Vertrauen ihres Sohnes verdrängt und die wichtigsten Staatsgeschäfte ohne sie verhandelt zu sehen, war eine zu empfindliche Kränkung ihrer Herrschbegierde, um mit Gelassenheit ertragen zu werden. Wichtig zu sein, war ihre herrschende Neigung; ihre Glückseligkeit, jeder Partei nothwendig sich zu wissen. Nichts gab es, was sie nicht dieser Neigung aufopferte, aber alle ihre Thätigkeit war auf das Feld der Intrigue eingeschränkt, wo sie ihre Talente glänzend entwickeln konnte. Die Intrigue allein war ihr wichtig, gleichgültig die Menschen. Als Regentin des Reichs und Mutter von drei Königen mit der mißlichen Pflicht beladen, die angefochtene Autorität ihres Hauses gegen wüthende Parteien zu behaupten, hatte sie dem Trotz der Großen nur Verschlagenheit, der Gewalt nur List entgegen zu setzen. In der Mitte zwischen den streitenden Faktionen der Guisen und der Prinzen von Bourbon beobachtete sie lange Zeit eine unsichere Staatskunst, unfähig, nach einem festen und unwiderruflichen Plane zu handeln. Heute, wenn der Verdruß über die Guisen ihr Gemüth beherrschte, der reformierten Partei hingegeben, eröthete sie morgen nicht, wenn ihr Vortheil es heischte, sich eben diesen Guisen, die ihrer Neigung zu schmeicheln gewußt hatten, zu einem Werkzeug dazu zu borgen. Dann stand sie keinen Augenblick an, alle Geheimnisse preiszugeben, die ein unvorsichtiges Vertrauen bei ihr niedergelegt hatte. Nur ein einziges Laster beherrschte sie, aber welches die Mutter ist von allen: zwischen Bös und Gut keinen Unterschied zu kennen. Die Zeitumstände spielten mit ihrer Moralität, und der Augenblick fand sie gleich geneigt zur Unmenschlichkeit und zur Milde, zur Demuth und zum Stolz, zur Wahrheit und zur Lüge. Unter der Herrschaft ihres Eigennutzes stand jede andre Leidenschaft, und selbst die Rachsucht, wenn das Interesse es forderte, mußte schweigen. Ein fürchterlicher Charakter, nicht weniger empörend, als jene verrufenen Scheusale der Geschichte, welche ein plumper Pinsel ins Ungeheure malt.

Aber indem ihr alle sittlichen Tugenden fehlten, vereinigte sie alle Talente ihres Standes, alle Tugenden der Verhältnisse, alle Vorzüge des Geistes, welche sich mit einem solchen Charakter vertragen; aber sie entweihte alle, indem sie sie zu Werkzeugen dieses Charakters erniedrigte. Majestät und königlicher Anstand sprach aus ihr; glänzend und geschmackvoll war alles, was sie anordnete; hingerissen jeder Blick, der nur nicht in ihre Seele fiel; alles, was sich ihr nahte, von der Anmuth ihres Umgangs, von dem geistreichen Inhalt ihres Gesprächs, von ihrer zuvorkommenden Güte bezaubert. Nie war der französische Hof so glanzvoll gewesen, als seitdem Katharina Königin dieses Hofes war. Alle verfeinerten Sitten Italiens verpflanzte sie auf französischen Boden, und ein fröhlicher Leichtsinn herrschte an ihrem Hofe, selbst unter den Schrecknissen des Fanatismus und mitten im Jammer des bürgerlichen Kriegs. Jede Kunst fand Aufmunterung bei ihr, jedes andre Verdienst, als um die gute Sache, Bewunderung. Aber im Gefolge der Wohlthaten, die sie ihrem neuen Vaterland brachte, verbargen sich gefährliche Gifte, welche die Sitten der Nation ansteckten und in den Köpfen einen unglücklichen Schwindel erregten. Die Jugend des Hofes, durch sie von dem Zwange der alten Sitte befreit und zur Ungebundenheit eingeweiht, überließ sich bald ohne Rückhalt ihrem Hange zum Vergnügen; mit dem Putze der Ahnen lernte man nur zu bald ihre Schamhaftigkeit und Tugend ablegen. Betrug und Falschheit verdrängten aus dem gesellschaftlichen Umgang die edle Wahrheit der Ritterzeiten, und das kostbarste Palladium des Staats, Treu und Glauben, verlor sich, wie aus dem Innern der Familien, so aus dem öffentlichen Leben. Durch den Geschmack an astrologischen Träumereien, welchen sie mit sich aus ihrem Vaterlande brachte, führte sie dem Aberglauben eine mächtige Verstärkung zu; diese Thorheit des Hofes stieg schnell zu den untersten Klassen herab, um zuletzt ein verderbliches Instrument in der Hand des Fanatismus zu werden. Aber das traurigste Geschenk, was sie Frankreich machte, waren drei Könige, ihre Söhne, die sie in *ihrem* Geiste erzog und mit *ihren* Grundsätzen auf den Thron setzte.

Die Gesetze der Natur und des Staates riefen die Königin Katharina, während der Minderjährigkeit ihres Sohns, zur Regentschaft, aber die Umstände, unter welchen sie davon Besitz nehmen sollte, schlugen ihren Muth sehr darnieder. Die Stände waren in Orleans versammelt, der Geist der Unabhängigkeit erwacht und zwei mächtige Parteien gegen einander zum Kampfe gerüstet. Nach Herrschaft strebten die Häupter beider Faktionen; keine königliche Gewalt war da, um dazwischen zu treten und ihren Ehrgeiz zu beschränken; und die Anordnung der vormundschaftlichen Regierung, die jenen Mangel ersetzen sollte, konnte nun das Werk ihrer beiderseitigen Uebereinstimmung werden. Der König war noch nicht todt, als sich Katharina von beiden Theilen heftig angegangen und zu den entgegengesetztesten Maßregeln angefordert sah. Die Guisen und ihr Anhang, pochend auf die Hilfe der Stände, deren größter Theil von ihnen gewonnen war, gestützt auf den Beistand der ganzen katholischen Partei, lagen ihr dringend an, die Sentenz gegen den Prinzen von Condé vollstrecken zu lassen und mit diesem einzigen Streiche das Bourbonische Haus zu zerschmettern, dessen furchtbares Aufstreben ihr eignes bedrohte. Auf der andern Seite bestürmte sie Anton von Navarra, die ihr zufallende Macht zur Rettung seines Bruders anzuwenden und sich dadurch der Unterwürfigkeit seiner ganzen Partei zu versichern. Keinem von beiden Theilen fiel es ein, die Ansprüche der Königin auf die Regentschaft anzufechten. Das nachtheilige Verhältniß, in welchem der Tod des Königs die Prinzen von Bourbon überraschte, mochte sie abschrecken, für sich selbst, wie sie sonst wohl gethan hätten, nach diesem Ziele zu streben; deßwegen verhielten sie sich lieber stumm, um nicht durch die Zweifel, die sie gegen die Rechte Katharinens erregt haben würden, dem Ehrgeiz der Guisen eine Ermunterung zu geben. Auch die Guisen wollten durch ihren Widerspruch nicht gern Gefahr laufen, der Nation die nähern Rechte der Bourbons in Erinnerung zu bringen. Durch schweigende Anerkennung der Rechte Katharinens schlossen beide Parteien einander gegenseitig von der Competenz aus, und jede hoffte, unter dem Namen der Königin ihre ehrgeizigen Absichten leichter erreichen zu können.

Katharina, durch die weisen Rathschläge des Kanzlers von Hopital geleitet, erwählte den staatsklugen Ausweg, sich keiner von beiden Parteien zum Werkzeuge gegen die andre herzugeben und durch ein wohlgewähltes Mittel zwischen beiden den Meister über sie zu spielen. Indem sie den Prinzen von Condé der ungestümen Rachsucht seiner Gegner entriß, machte sie diesen wichtigen Dienst bei dem König von Navarra geltend und versicherte die lothringischen Prinzen ihres mächtigsten Beistands, wenn sich die Bourbons unter der neuen Regierung an die Mißhandlungen, welche sie unter der vorigen erlitten, thätlich erinnern sollten. Mit Hilfe dieser Staatskunst sah sie sich, unmittelbar nach dem Absterben des Monarchen, ohne Jemands Widerspruch und selbst ohne Zuthun der in Orleans versammelten Stände, die unthätig dieser wichtigen Begebenheit zusahen, im Besitz der Regentschaft, und der erste Gebrauch, den sie davon machte, war, durch Emporhebung der Bourbons das Gleichgewicht zwischen beiden Parteien wieder herzustellen. Condé verließ unter ehrenvollen Bedingungen sein Gefängniß, um auf den Gütern seines Bruders die Zeit seiner Rechtfertigung abzuwarten; dem König von Navarra wurde mit dem Posten eines Generallieutenants des Königreichs ein wichtiger Zweig der höchsten Gewalt übergeben. Die Guisen retteten wenigstens ihre künftigen Hoffnungen, indem sie sich bei Hofe behaupteten, und konnten der Königin wider den Ehrgeiz der Bourbons zu einer mächtigen Stütze dienen.

Ein Schein von Ruhe kehrte jetzt zwar zurück, aber viel fehlte noch, ein aufrichtiges Vertrauen zwischen so schwer verwundeten Gemüthern zu begründen. Um dies zu bewerkstelligen, warf man die Augen auf den Connetable von Montmorency, den der Despotismus der Guisen unter der vorigen Regierung entfernt gehalten hatte und die Thronveränderung jetzt auf seinen alten Schauplatz zurückführte. Voll redlichen Eifers für das Beste des Vaterlands, seinem König treu wie seinem Glauben. war Montmorency just der Mann, der zwischen die Regentin und ihren Minister in die Mitte treten, ihre Aussöhnung verbürgen und die Privatzwecke Beider dem Besten des Staats unterwerfen konnte. Die Stadt Orleans, von Soldaten angefüllt, wodurch die Guisen ihre Gegner geschreckt und den Reichstag beherrscht hatten, zeigte überall noch Spuren des Kriegs, als der Connetable davor anlangte und sogleich die Wache an den Thoren verabschiedete. »Mein Herr und König,« sagte er, »wird fortan in voller Sicherheit und ohne Leibwache in seinem ganzen Königreich hin- und herwandeln.« – »Fürchten Sie nichts, Sire!« redete er den jungen Monarchen an, ein Knie vor ihm beugend und seine Hand küssend, auf die er Thränen fallen ließ. »Lassen Sie sich von den gegenwärtigen Unruhen nicht in Schrecken setzen. Mein Leben geb' ich hin und alle Ihre guten Unterthanen mit mir, Ihnen die Krone zu erhalten.« – Auch hielt er insofern unverzüglich Wort, daß er die künftige Reichsverwaltung auf einen gesetzmäßigen Fuß setzte und die Grenzen der Gewalt zwischen der Königin Mutter und dem König von Navarra bestimmen half. Der Reichstag von Orleans, in keiner andern Absicht zusammenberufen, als um die Prinzen von Bourbon in die Falle zu locken, und müßig, sobald jene Absicht vereitelt war, wurde jetzt nach dem theatralischen Gepräng einiger unnützen Beratschlagungen aufgehoben, um sich im Mai desselben Jahrs aufs neue zu versammeln. Gerechtfertigt und im vollen Glanze seines vorigen Ansehens erschien der Prinz von Condé wieder am Hof, um über seine Feinde zu triumphieren. Seine Partei erhielt an dem Connetable eine mächtige Verstärkung. Jede Gelegenheit wurde nunmehr hervorgesucht, um die alten Minister zu kränken, und alles schien sich zu ihrem Untergang vereinigen zu wollen. Ja, wenig fehlte, daß die nun herrschende Partei die Regentin nicht in die Nothwendigkeit gesetzt hätte, zwischen Vertreibung der Lothringer und dem Verlust ihrer Regentschaft zu wählen.

Die Staatsklugheit der Königin hielt in diesem Sturme zwar die Guisen noch aufrecht, weil für sie selbst, für die Monarchie, vielleicht auch für die Religion alles zu fürchten war, sobald sie jene durch die Bourbonische Faktion unterdrücken ließ. Aber eine so schwache und wandelbare Stütze konnte die Guisen nicht beruhigen, und noch weniger konnte die untergeordnete Rolle, mit welcher sie jetzt vorlieb nehmen mußten, ihre Ehrsucht befriedigen. Auch hatten sie es nicht an Thätigkeit fehlen lassen, die Protektion der Königin sich künftig entbehrlich zu machen, und der voreilige Triumph ihrer Gegner mußte ihnen selbst dazu helfen, ihre Partei zu verstärken. Der Haß ihrer Feinde, nicht zufrieden, sie vom Ruder der Regierung verdrängt zu haben, streckte nun auch die Hand nach ihren Reichthümern aus und forderte Rechenschaft von den Geschenken und Gnadengeldern, welche die lothringischen Prinzen und ihre Anhänger unter den vorhergehenden Regierungen zu erpressen gewußt hatten. Durch diese Forderung war außer den Guisen noch die Herzogin von Valentinois, der Marschall von St. André, ein Günstling Heinrichs II., und zum Unglück der Connetable selbst angegriffen, welcher sich die Freigebigkeit Heinrichs aufs beste zu Nutze gemacht hatte und noch außerdem durch seinen Sohn mit dem Hause der Herzogin in Verwandtschaft stand. Religionseifer war die einzige Schwäche, und Habsucht das einzige Laster, welches die Tugenden des Montmorency befleckte und wodurch er den hinterlistigen Intriguen der Guisen eine Blöße gab. Die Guisen, mit dem Marschall und der Herzogin durch gemeinschaftliches Interesse verknüpft, benutzten diesen Umstand, um den Connetable zu ihrer Partei zu ziehen, und es gelang ihnen nach Wunsch, indem sie die doppelte Triebfeder des Geizes und des Religionseifers bei ihm in Bewegung setzten. Mit arglistiger Kunst schilderten sie ihm den Angriff der Calvinisten auf ihre Besitzungen als einen Schritt ab, der zum Untergang des katholischen Glaubens abziele, und der bethörte Greis ging um so leichter in diese Schlinge, je mehr ihm die Begünstigungen schon mißfallen hatten, welche die Regentin seit einiger Zeit den Calvinisten öffentlich angedeihen ließ. Zu diesem Betragen der Königin, welches so wenig mit ihrer übrigen Denkungsart übereinstimmte, hatten die Guisen selbst durch ihr verdächtiges Einverständniß mit Philipp II., König von Spanien, die Veranlassung gegeben. Dieser furchtbare Nachbar Frankreichs, dessen unersättliche Herrschsucht und Vergrößerungsbegierde fremde Staaten mit lüsternem Auge verschlang, indem er seine eignen Besitzungen nicht zu behaupten wußte, hatte auf die innern Angelegenheiten dieses Reichs schon längst seine Blicke geheftet, mit Wohlgefallen den Stürmen zugesehen, die es erschütterten, und durch die erkauften Werkzeuge seiner Absichten den Haß der Faktionen voll Arglist unterhalten. Unter dem Titel eines Beschützers despotisierte er Frankreich. Ein spanischer Ambassadeur schrieb in den Mauern von Paris den Katholiken das Betragen vor, welches sie in Absicht ihrer Gegner zu beobachten hatten, verwarf oder billigte ihre Maßregeln, je nachdem sie mit dem Vortheile seines Herrn übereinstimmten, und spielte öffentlich und ohne Scheu den Minister. Die Prinzen von Lothringen hielten sich aufs engste an denselben angeschlossen, und keine wichtige Entschließung wurde von ihnen gefaßt, an welcher der spanische Hof nicht Theil genommen hätte. Sobald die Verbindung der Guisen und des Marschalls von St. André mit Montmorency, welche unter dem Namen des *Triumvirats* bekannt ist, zu Stande gekommen war, so erkannten sie, wie man ihnen Schuld gibt, den König von Spanien als ihr Oberhaupt, der sie im Nothfall mit einer Armee unterstützen sollte. So erhub sich aus dem Zusammenflusse zweier sonst streitenden Faktionen eine neue furchtbare Macht in dem Königreich, die, von dem ganzen katholischen Theil der Nation unterstützt, das Gleichgewicht in Gefahr setzte, welches zwischen beiden Religionsparteien hervorzubringen Katharina so bemüht gewesen war. Sie nahm daher auch jetzt zu ihrem gewöhnlichen Mittel, zu Unterhandlungen, ihre Zuflucht, um die getrennten Gemüther wenigstens in der Abhängigkeit von ihr selbst zu erhalten. Zu allen Streitigkeiten der Parteien mußte die Religion gewöhnlich den Namen geben, weil diese allein es war, was die Katholiken des Königreichs an die Guisen und die Reformierten an die Bourbons fesselte. Die Ueberlegenheit, welche das Triumvirat zu erlangen

schien, bedrohte den reformierten Theil mit einer neuen Unterdrückung, die Widersetzlichkeit des letztern das ganze Königreich mit
einem innerlichen Krieg, und einzelne kleine Gefechte zwischen
beiden Religionsparteien, einzelne Empörungen in der Hauptstadt,
wie in mehrern Provinzen, waren schon Vorläufer desselben. Katharina that alles, um die ausbrechende Flamme zu ersticken, und
es gelang endlich ihren fortgesetzten Bemühungen, ein Edikt zu
Stande zu bringen, welches die Reformierten zwar von der Furcht
befreite, ihre Ueberzeugungen mit dem Tode zu büßen, aber ihnen
nichtsdestoweniger jede Ausübung ihres Gottesdienstes und besonders die Versammlungen untersagte, um welche sie so dringend
gebeten hatten. Dadurch ward freilich für die reformierte Partei nur
sehr wenig gewonnen, aber doch fürs erste der gefährliche Ausbruch ihrer Verzweiflung gehemmt und zwischen den Häuptern
der Parteien am Hofe eine scheinbare Versöhnung vorbereitet, welche freilich bewies, wie wenig das Schicksal ihrer Glaubensgenossen, welches sie doch beständig im Munde führten, den Anführern
der Hugenotten wirklich zu Herzen ging. Die meiste Mühe kostete
die Ausgleichung, welche zwischen dem Prinzen von Condé und
dem Herzog von Guise unternommen ward, und der König selbst
wurde angewiesen, sich ins Mittel zu schlagen. Nachdem man zuvor über Worte, Geberden und Handlungen übereingekommen
war, wurde diese Komödie im Beisein des Monarchen eröffnet.
»Erzähl uns,« sagte dieser zum Herzog von Guise, »wie es in Orleans eigentlich zugegangen ist?« Und nun machte der Herzog von
dem damaligen Verfahren gegen den Prinzen eine solche künstliche
Schilderung, welche ihn selbst von jedem Antheil daran reinigte
und alle Schuld auf den verstorbnen König wälzte. –»Wer es auch
sei, der mir diese Beschimpfung zufügte,« antwortete Condé, gegen
den Herzog gewendet, »so erkläre ich ihn für einen Frevler und
einen Niederträchtigen.« – »Ich auch,« erwiederte der Herzog; »aber
mich trifft das nicht.«

Die Regentschaft der Königin Katharina war die Periode der Unterhandlungen. Was diese nicht ausrichteten, sollte der Reichstag zu
Pontoise und das Colloquium zu Poissy zu Stande bringen, beide in
der Absicht gehalten, um sowohl die politischen Beschwerden der
Nation beizulegen, als eine wechselseitige Annäherung der Religionen zu versuchen. Der Reichstag zu Pontoise war nur die Fortset-

zung dessen, der zu Orleans ohne Wirkung gewesen und auf den Mai dieses Jahrs 1561 ausgesetzt worden war. Auch dieser Reichstag ist bloß durch einen heftigen Angriff der Stände auf die Geistlichkeit merkwürdig, welche sich zu einem freiwilligen Geschenke (don gratuit) entschloß, um nicht zwei Drittheile ihrer Güter zu verlieren.

Das gütliche Religionsgespräch, welches zu Poissy, einem kleinen Städtchen ohnweit St. Germain, zwischen den Lehrern der drei Kirchen gehalten wurde, erregte eben so vergebliche Erwartungen. In Frankreich sowohl als in Deutschland hatte man schon längst, um die Spaltungen in der Kirche beizulegen, ein allgemeines Concilium gefordert, welches sich mit Abstellung der Mißbräuche, mit der Sittenverbesserung des Klerus und mit Festsetzung der bestrittenen Dogmen beschäftigen sollte. Diese Kirchenversammlung war auch wirklich im Jahr 1542 nach Trient zusammenberufen und mehrere Jahre fortgesetzt, aber, ohne die Hoffnung, welche man von ihr geschöpft hatte, zu erfüllen, durch die Kriegsunruhen in Deutschland im Jahre 1552 auseinander gescheucht worden. Seit dieser Zeit war kein Papst mehr zu bewegen gewesen, sie, dem allgemeinen Wunsch gemäß, zu erneuern, bis endlich das Uebermaß des Elendes, welches die fortdauernden Irrungen in der Religion auf die Völker Europens häuften, Frankreich besonders vermochte, nachdrücklich darauf zu dringen und die Wiederherstellung desselben dem Papst Pius IV. durch Drohungen abzunöthigen. Die Zögerungen des Papstes hatten indessen dem französischen Ministerium den Gedanken eingegeben, durch eine gütliche Besprechung zwischen den Lehrern der drei Religionen über die bestrittenen Punkte die Gemüther einander näher zubringen und in Widerlegung der ketzerischen Behauptungen die Kraft der Wahrheit zu zeigen. Eine Hauptabsicht dabei war, die große Verschiedenheit bei dieser Gelegenheit an den Tag zu bringen, welche zwischen dem Lutherthum und Calvinismus obwaltete, und dadurch den Anhängern des letztern den Schutz der deutschen Lutheraner zu entreißen, durch den sie so furchtbar waren. Diesem Beweggrunde vorzüglich schreibt man es zu, daß sich der Cardinal von Lothringen mit dem größten Nachdruck des Colloquiums annahm, bei welchem er zugleich durch seine theologische Wissenschaft und seine Beredsamkeit schimmern wollte. Um den Triumph der wahren Kirche über die falsche desto glänzender zu machen, sollten die Sitzungen öffentlich vor sich gehen. Die Regentin erschien selbst mit ihrem Sohne, mit den Prinzen des Geblüts, den Staatsministern und allen großen Bedienten der Krone, um die Sitzung zu eröffnen. Fünf Cardinäle, vierzig Bischöfe, mehrere Doktoren, unter welchen Claude D. Espensa durch seine Gelehrsamkeit und Scharfsinn hervorragte, stellten sich für die römische Kirche; zwölf auserlesene Theologen führten das Wort für die protestantische. Der ausgezeichnetste unter diesen war Theodor Beza, Prediger aus Genf, ein eben so feiner als feuriger Kopf, ein mächtiger Redner, furchtbarer Dialektiker und der geschickteste Kämpfer in diesem Streite.

Aufgefordert, die Lehrsätze seiner Partei zuerst vorzutragen, erhub sich Beza in der Mitte des Saals, kniete hier nieder und sprach mit aufgehobnen Händen ein Gebet. Auf dieses ließ er sein Glaubensbekenntniß folgen, mit allen Gründen unterstützt, welche die Kürze der Zeit ihm erlaubte, und endigte mit einem rührenden Blick auf die strenge Begegnung, welche man seinen Glaubensbrüdern bis jetzt in dem Königreich widerfahren ließ. Schweigend hörte man ihm zu; nur als er auf die Gegenwart des Leibes Christ im Abendmahl zu reden kam, entstand ein unwilliges Gemurmel in der Versammlung. Nachdem Beza geendigt, fragte man bei einander erst herum, ob man ihn einer Antwort würdigen sollte, und es kostete dem Cardinal von Lothringen nicht wenig Mühe, die Einwilligung der Bischöfe dazu zu erlangen. Endlich trat er auf und widerlegte in einer Rede voll Kunst und Beredsamkeit die wichtigsten Lehrsätze seines Gegners, diejenigen besonders, wodurch die Autorität der Kirche und die katholische Lehre vom Abendmahl angegriffen war. Man hatte es schon bereut, den jungen König zum Zeugen einer Unterredung gemacht zu haben, wobei die heiligsten Artikel der Kirche mit so viel Freiheit behandelt wurden. Sobald daher der Cardinal seinen Vortrag geendigt hatte, standen alle Bischöfe auf, umringten den König und riefen: »Sire, das ist der wahre Glaube! das ist die reine Lehre der Kirche! Diese sind wir bereit mit unserm Blute zu versiegeln.«

In den darauf folgenden Sitzungen, von denen man aber rathsamer gefunden den König wegzulassen, wurden die übrigen Streitpunkte der Reihe nach vorgenommen und die Artikel vom Abendmahl besonders in Bewegung gebracht, um dem Genfischen Prediger seine eigentliche und positive Meinung davon zu entreißen. Da das Dogma der Lutheraner über diesen Punkt sich von dem der Reformierten bekanntlich noch weiter als von der Lehrmeinung der katholischen Kirche entfernt, so hoffte man, jene beiden Kirchen dadurch mit einander in Streit zu bringen. Aber nun wurde aus einem ernsthaften Gespräche, welches Ueberzeugung zum Zweck haben sollte, ein spitzfindiges Wortgefechte, wobei man sich mehr der Schlingen und Fechterkünste als der Waffen der Vernunft bediente. Ein engerer Ausschuß von fünf Doktoren auf jeder Seite, dem man zuletzt die Vollendung der ganzen Streitigkeit übergab, ließ sie eben so unentschieden, und jeder Theil erklärte sich, als man auseinander ging, für den Sieger.

So erfüllte also auch dieses Colloquium in Frankreich die Erwartung nicht besser, als ein ähnliches in Deutschland, und man kam wieder zu den alten politischen Intriguen zurück, welche sich bisher immer am wirksamsten bewiesen. Besonders zeigte sich der römische Hof durch seine Legaten sehr geschäftig, die Macht des Triumvirats zu erheben, als auf welchem das Heil der katholischen Kirche zu beruhen schien. Zu diesem Ende suchte man den König von Navarra für dasselbe zu gewinnen und der reformierten Partei ungetreu zu machen; ein Entwurf, der auf den unstäten Charakter dieses Prinzen sehr gut berechnet war. Anton von Navarra, merkwürdiger durch seinen großen Sohn Heinrich IV. als durch eigne Thaten, verkündigte durch nichts als durch seine Galanterieen und seine kriegerische Tapferkeit den Vater Heinrichs IV. Ungewiß, ohne Selbständigkeit, wie sein kleiner Erbthron zwischen zwei furchtbaren Nachbarn erzitterte, schwankte seine verzagte Politik von einer Partei zur andern, sein Glaube von einer Kirche zur andere, sein Charakter zwischen Laster und Tugend umher. Sein ganzes Leben lang das Spiel fremder Leidenschaften, verfolgte er mit stets betrogner Hoffnung ein lügnerisches Phantom, welches ihm die Arglist seiner Nebenbuhler vorzuhalten wußte. Spanien, durch päpstliche Ränke unterstützt, hatte dem Hause Navarra einen beträchtlichen Theil dieses Königreichs entrissen, und Philipp II., nicht dazu gemacht, eine Ungerechtigkeit, die ihm Nutzen brachte, wieder gut zu machen, fuhr fort, diesen Raub seiner Ahnen dem rechtmäßigen Erben zurückzuhalten. Einem so mächtigen Feinde hatte Anton von Navarra nichts als die Waffen der Unmacht entgegen zu setzen. Bald schmeichelte er sich, der Billigkeit und Großmuth seines Gegners durch Geschmeidigkeit abzugewinnen, was er von der Furcht desselben zu ertrotzen aufgab; bald, wenn diese Hoffnung ihn betrog, nahm er zu Frankreich seine Zuflucht und hoffte mit Hilfe dieser Macht in den Besitz seines Eigenthums wiedereingesetzt zu werden. Von beiden Erwartungen getäuscht, widmete er sich im Unmuth seines Herzens der protestantischen Sache, die er kein Bedenken trug zu verlassen, sobald nur ein Strahl von Hoffnung ihm leuchtete, daß derselbe Zweck durch ihre Gegner zu erreichen sei. Sklave seiner eigennützigen furchtsamen Staatskunst, in seinen Entschlüssen wie in seinen Hoffnungen wandelbar, gehörte er nie *ganz* der Partei, deren Namen er führte, und erkaufte sich, mit seinem Blute selbst, den Dank keiner einzigen, weil er es für beide verspritzte.

Auf diesen Fürsten richteten jetzt die Guisen ihr Augenmerk, um durch seinen Beitritt die Macht des Triumvirats zu verstärken; aber das Versprechen einer Zurückgabe von Navarra war bereits zu verbraucht, um bei dem oft getäuschten Fürsten noch einigen Eindruck machen zu können. Sie nahmen deßhalb ihre Zuflucht zu einer neuen Erfindung, welche, obgleich nicht weniger grundlos als die vorigen, die Absicht ihrer Urheber aufs vollkommenste erfüllte. Nachdem es ihnen fehlgeschlagen war, den mißtrauischen Prinzen durch das Anerbieten einer Vermählung mit der verwittweten Königin Maria Stuart und der daran haftenden Aussicht auf die Königreiche Schottland und England zu blenden, mußte ihm Philipp II. von Spanien zum Ersatz für das entrissene Navarra die Insel Sardinien anbieten. Zugleich unterließ man nicht, um sein Verlangen darnach zu reizen, die prächtigsten Schilderungen von den Vorzügen dieses Königreichs auszubreiten. Man zeigte ihm die nicht sehr entfernten Aussichten auf den französischen Thron, wenn der regierende Stamm in den schwächlichen Söhnen Heinrichs II. erlöschen sollte; eine Aussicht, die er sich durch sein längeres Beharren auf protestantischer Seite unausbleiblich verschließen würde. Endlich reizte man seine Eitelkeit durch die Betrachtung, daß er durch Aufopferung so großer Vortheile nicht einmal gewinne, die erste Rolle bei einer Partei zu spielen, die der Geist des Prinzen von Condé unumschränkt leite. So nachdrücklichen Vorstellungen konnte das schwache Gemüth des Königs von Navarra nicht lange widerstehen. Um bei der reformierten Partei nicht der Zweite zu sein, überließ er sich unbedingt der katholischen, um dort noch viel weniger zu bedeuten; und an dem Prinzen von Condé keinen Nebenbuhler zu haben, gab er sich an dem Herzog von Guise einen Herrn und Gebieter. Die Pomeranzenwälder von Sardinien, in deren Schatten er sich schon im Voraus ein paradiesisches Leben träumte, umgaukelten seine Einbildungskraft, und blind warf er sich in die ihm gelegte Schlinge. Die Königin Katharina selbst wurde von ihm verlassen, um sich ganz dem Triumvirat hinzugeben, und die reformirte Partei sah einen Freund, der ihr nicht viel genutzt hatte, in einen offenbaren Feind verwandelt, der ihr noch weniger schadete.

Zwischen den Anführern beider Religionsparteien hatten die Bemühungen der Königin Katharina einen Schein des Friedens bewirkt, aber nicht eben so bei den Parteien, welche fortfuhren, einander mit dem grimmigsten Hasse zu verfolgen. Jede unterdrückte oder neckte, wo sie die mächtigere war, die andre, und die beiderseitigen Oberhäupter sahen, ohne sich selbst einzumischen, diesem Schauspiele zu, zufrieden, wenn nur der Eifer nicht verglimmte und der Parteigeist dadurch in der Uebung blieb. Obgleich das letztere Edikt der Königin Katharina den Reformierten alle öffentlichen Versammlungen untersagte, so kehrte man sich dennoch nirgends daran, wo man sich stark genug fühlte, ihm zu trotzen. In Paris sowohl als in den Provinzstädten wurden, dieses Edikts ungeachtet, öffentlich Predigten gehalten, und die Versuche, sie zu stören, liefen nicht immer glücklich ab. Die Königin bemerkte diesen Zustand der Anarchie mit Furcht, indem sie voraussah, daß durch diesen Krieg im Kleinen nur die Schwerter zu einem größern geschliffen würden. Es war daher dem staatsklugen und duldsamen Kanzler von Hopital, ihrem vornehmsten Rathgeber, nicht schwer, sie zu Aufhebung eines Edikts geneigt zu machen, welches, da es nicht konnte behauptet werden, nur das Ansehen der gesetzgebenden Macht entkräftete, die reformirte Partei mit Ungehorsam und Widersetzlichkeit vertraut machte und durch die Bestrebungen der katholischen, es geltend zu machen, einen unglücklichen Verfolgungsgeist zwischen beiden Theilen unterhielt. Auf Veranlassung dieses weisen Patrioten ließ die Regentin einen Ausschuß von allen Parlamentern sich in St. Germain versammeln, welcher beratschlagen sollte: »was in Absicht der Reformierten und ihrer Versammlungen (den innern Werth oder Unwerth ihrer Religion durchaus bei Seite gelegt) zum *Besten des Staats* zu verfügen sei?« – Die Antwort war in der Frage schon enthalten und ein den Reformierten sehr günstiges Edikt die Folge dieser Beratschlagung. In demselben gestattete man ihnen förmlich, sich, wiewohl außerhalb der Mauern und unbewaffnet, zu gottesdienstlichen Handlungen zu versammeln, und legte allen Obrigkeiten auf, diese Zusammenkünfte in ihren Schutz zu nehmen. Dagegen sollten sie gehalten sein, den Katholischen alle denselben entzogenen Kirchen und Kirchengeräthe zurückzustellen, der katholischen Geistlichkeit, gleich den Katholiken selbst, die Gebühren zu entrichten, übrigens die Fest- und Feiertage und die Verwandtschaftsgrade bei ihren Heirathen nach den Vorschriften der herrschenden Kirche zu beobachten. Nicht ohne großen Widerspruch des Pariser Parlaments wurde dieses Edikt, vom Jänner 1562, wo es bekannt gemacht wurde, das Edikt des Jänners genannt, registriert und von den strengen Katholiken und der spanischen Partei mit eben so viel Unwillen als von den Reformierten mit triumphierender Freude aufgenommen. Der schlimme Wille ihrer Feinde schien durch dasselbe entwaffnet und fürs erste zu einer gesetzmäßigen Existenz in dem Königreich ein wichtiger Schritt gethan. Auch die Regentin schmeichelte sich, durch dieses Edikt zwischen beiden Kirchen eine unüberschreitbare Grenze gezogen, dem Ehrgeiz der Großen heilsame Fesseln angelegt und den Zunder des Bürgerkriegs auf lange erstickt zu haben. Doch war es eben dieses Edikt des Friedens, welches durch die Verletzung, die es erlitt, die Reformierten zu den gewaltsamsten Entschließungen brachte und den Krieg herbeiführte, welchen zu verhüten es gegeben war.

Dieses Edikt vom Jänner 1562 also, weit entfernt, die Absichten seiner Urheberin zu erfüllen und beide Religionsparteien in den Schranken der Ordnung zu halten, ermunterte die Feinde der letztern nur, desto verdecktere und schlimmere Plane zu entwerfen. Die Begünstigungen, welche dieses Edikt den Reformierten ertheilt hatte, und der bedeutende Vorzug, den ihre Anführer, Condé und die Chatillons, bei der Königin genossen, verwundete tief den bigotten Geist und die Ehrsucht des alten Montmorency, der beiden Guisen und der mit ihnen verbundenen Spanier. Schweigend zwar, aber nicht müßig, beobachteten sich die Anführer wechselsweise unter einander und schienen nur das Moment zu erwarten, das dem Ausbruch ihrer verhaltenen Leidenschaft günstig war. Jeder Theil, fest entschlossen, Feindseligkeit mit Feindseligkeit zu erwiedern, vermied sorgfältig, sie zu eröffnen, um in den Augen der Welt nicht als der Schuldige zu erscheinen. Ein Zufall leistete endlich, was beide in gleichem Grade wünschten und fürchteten.

Der Herzog von Guise und der Cardinal von Lothringen hatten seit einiger Zeit den Hof der Regentin verlassen und sich nach den deutschen Grenzen gezogen, wo sie den gefürchteten Eintritt der deutschen Protestanten in das Königreich desto leichter verhindern konnten. Bald aber fing die katholische Partei an, ihre Anführer zu vermissen, und der zunehmende Kredit der Reformierten bei der

Königin machte den Wunsch nach ihrer Wiederkunft dringend. Der Herzog trat also den Weg nach Paris an, begleitet von einem starken Gefolge, welches sich, so wie er fortschritt, vergrößerte. Der Weg führte ihn durch Vassy, an der Grenze von Champagne, wo zufälligerweise die reformierte Gemeine bei einer öffentlichen Predigt versammelt war. Das Gefolge des Herzogs, trotzig wie sein Gebieter, gerieth mit dieser schwärmerischen Menge in Streit, welcher sich bald in Gewalttätigkeiten endigte; im unordentlichen Gewühl dieses Kampfes wurde der Herzog selbst, der herbei geeilt war, Frieden zu stiften, mit einem Steinwurf im Gesichte verwundet. Der Anblick seiner blutigen Wange setzte seine Begleiter in Wuth, die jetzt gleich rasenden Thieren über die Wehrlosen herstürzen, ohne Ansehen des Geschlechts noch des Alters, was ihnen vorkommt, erwürgen und an den gottesdienstlichen Gerätschaften. die sie finden, die größten Entweihungen begehen. Das ganze reformierte Frankreich gerieth über diese Gewalttätigkeit in Bewegung, und an dem Thron der Regentin wurden durch den Mund des Prinzen von Condé und einer eigenen Deputation die heftigsten Klagen dagegen erhoben. Katharina that alles, um den Frieden zu erhalten, und weil sie überzeugt war, daß es nur auf die Häupter ankäme, um die Parteien zu beruhigen, so rief sie den Herzog von Guise dringend an den Hof, der sich damals zu Monceaux aufhielt, wo sie die Sache zwischen ihm und dem Prinzen von Condé zu vermitteln hoffte.

Aber ihre Bemühungen waren vergebens. Der Herzog wagte es, ihr ungehorsam zu sein und seine Reise nach Paris fortzusetzen, wo er, von einem zahlreichen Anhang begleitet und von einer ihm ganz ergebenen Menge tumultuarisch empfangen, einen triumphierenden Einzug hielt. Umsonst suchte Condé, der sich kurz zuvor in Paris geworfen, das Volk auf seine Seite zu neigen. Die fanatischen Pariser sahen in ihm nichts als den Hugenotten, den sie verabscheuten, und in dem Herzog nur den heldenmütigen Verfechter ihrer Kirche. Der Prinz mußte sich zurückziehn und den Schauplatz dem Ueberwinder einräumen. Nunmehr galt es, welcher von beiden Theilen es dem andern an Geschwindigkeit, an Macht, an Kühnheit zuvorthäte. Indeß der Prinz in aller Eile zu Meaux, wohin er entwichen war, Truppen zusammenzog und mit den Chatillons sich vereinigte, um den Triumvirn die Spitze zu bieten, waren diese schon mit einer starken Reiterei nach Fontainebleau aufgebrochen, um durch Besitznehmung von des jungen Königs Person ihre Gegner in die Nothwendigkeit zu setzen, als Rebellen gegen ihren Monarchen zu erscheinen.

Schrecken und Verwirrung hatten sich gleich auf die erste Nachricht von dem Einzug des Herzogs in Paris der Regentin bemächtigt; in seiner steigenden Gewalt sah sie den Umsturz der ihrigen voraus. Das Gleichgewicht der Faktionen, wodurch allein sie bisher geherrscht hatte, war zerstört, und nur ihr offenbarer Beitritt konnte die reformierte Partei in den Stand setzen, es wieder herzustellen. Die Furcht, unter die Tyrannei der Guisen und ihres Anhangs zu gerathen, Furcht für das Leben des Königs, für ihr eigenes Leben siegte über jede Bedenklichkeit. Jetzt unbesorgt vor dem sonst so gefürchteten Ehrgeiz der protestantischen Häupter, suchte sie sich nur vor dem Ehrgeiz der Guisen in Sicherheit zu setzen. Die Macht der Protestanten, welche allein ihr diese Sicherheit verschaffen konnte, bot sich ihrer ersten Bestürzung dar; vor der drohenden Gefahr mußte jetzt jede andere Rücksicht schweigen. Bereitwillig nahm sie den Beistand an, der ihr von dieser Partei angeboten wurde, und der Prinz von Condé ward, welche Folgen auch dieser Schritt haben mochte, aufs dringendste angefordert, Sohn und Mutter zu vertheidigen. Zugleich flüchtete sie sich, um von ihren Gegnern nicht überfallen zu werden, mit dem Könige nach Melun und von da nach Fontainebleau; welche Vorsicht aber die Schnelligkeit der Triumvirn vereitelte.

Sogleich bemächtigen sich diese des Königs, und der Mutter wird freigestellt, ihn zu begleiten oder sich nach Belieben einen andere Aufenthalt zu wählen. Ehe sie Zeit hat, einen Entschluß zu fassen, setzt man sich in Marsch, und unwillkürlich wird sie mit fortgerissen. Schrecknisse zeigen sich ihr, wohin sie blickt, überall gleiche Gefahr, auf welche Seite sie sich neige. Sie erwählt endlich die gewisse, um sich nicht in den größern Bedrängnissen einer ungewissen zu verstricken, und ist entschlossen, sich an das Glück der Guisen anzuschließen. Man führt den König im Triumphe nach Paris, wo seine Gegenwart dem fanatischen Eifer der Katholiken die Losung gibt, sich gegen die Reformierten alles zu erlauben. Alle ihre Versammlungsplätze werden von dem wüthenden Pöbel gestürmt, die Thüren eingesprengt, Kanzeln und Kirchenstühle zerbrochen und in Asche gelegt; der Kronfeldherr von Frankreich, der ehrwürdige Greis Montmorency, war es, der diese Heldenthat vollführte. Aber diese lächerliche Schlacht war das Vorspiel eines desto ernsthaftern Krieges.

Nur um wenige Stunden hatte der Prinz von Condé den König in Fontainebleau verfehlt. Mit einem zahlreichen Gefolge war er, dem Wunsch der Regentin gemäß, sogleich aufgebrochen, sie und ihren Sohn unter seine Obhut zu nehmen; aber er langte nur an, um zu erfahren, daß die Gegenpartei ihm zuvorgekommen und der große Augenblick verloren sei. Dieser erste Fehlstreich schlug jedoch seinen Muth nicht nieder. »Da wir einmal so weit sind,« sagte er zu dem Admiral Coligny, »so müssen wir durchwaten, oder wir sinken unter.« Er flog mit seinen Truppen nach Orleans, wo er eben noch recht kam, dem Obristen von Andelot, der hier mit großem Nachtheil gegen die Katholischen focht, den Sieg zu verschaffen. Aus dieser Stadt beschloß er seinen Waffenplatz zu machen, seine Partei in derselben zu versammeln und seiner Familie, so wie ihm selbst, nach einem Unglücksfall eine Zuflucht darin offen zu halten.

Von beiden Seiten fing nun der Krieg mit Manifesten und Gegenmanifesten an, worin alle Bitterkeit des Parteihasses ausgegossen war und nichts als die Aufrichtigkeit vermißt wurde. Der Prinz von Condé forderte in den seinigen alle redlich denkenden Franzosen auf, ihren König und ihres Königs Mutter aus der Gefangenschaft befreien zu helfen, in welcher sie von den Guisen und deren Anhang gehalten würden. Durch eben diesen Besitz von des Königs Person suchten Letztere die Gerechtigkeit ihrer Sache zu erweisen und alle getreuen Unterthanen zu bewegen, sich unter die Fahnen ihres Königs zu versammeln. Er selbst, der minderjährige Monarch, mußte in seinem Staatsrath erklären, daß er frei sei, so wie auch seine Mutter, und das Edikt des Jänners bestätigen. Dieselbe Vorstellung wurde von beiden Seiten auch gegen auswärtige Mächte gebraucht. Um die deutschen Protestanten einzuschläfern, erklärten die Guisen, daß die Religion nicht im Spiele sei und der Krieg bloß den Aufrührern gelte. Der nämliche Kunstgriff ward auch von dem Prinzen von Condé angewendet, um die auswärtigen katholischen Mächte von dem Interesse seiner Feinde abzuziehen. In diesem Wettstreit des Betruges verleugnete Katharina ihren Charakter und ihre Staatskunst nicht, und von den Umständen gezwungen, eine doppelte Person zu spielen, verstand sie es meisterlich, die widersprechendsten Rollen in sich zu vereinigen. Sie leugnete öffentlich die Bewilligungen, welche sie dem Prinzen von Condé ertheilt hatte, und empfahl ihm ernstlich den Frieden, während daß sie im Stillen, wie man sagt, seine Werbungen begünstigte und ihn zu lebhafter Führung des Kriegs ermunterte. Wenn die Ordres des Herzogs von Guise an die Befehlshaber der Provinzen alles, was reformiert sei, zu erwürgen befahlen, so enthielten die Briefe der Regentin ganz entgegengesetzte Befehle zur Schonung.

Bei diesen Maßregeln der Politik verlor man die Hauptsache, den Krieg selbst, nicht aus den Augen, und diese scheinbaren Bemühungen zu Erhaltung des Friedens verschafften dem Prinzen von Condé nur desto mehr Zeit, sich in wehrhaften Stand zu setzen. Alle reformierten Kirchen wurden von ihm aufgefordert, zu einem Kriege, der sie so nahe betraf, die nöthigen Kosten herzuschießen, und der Religionseifer dieser Partei öffnete ihm ihre Schätze. Die Werbungen wurden aufs fleißigste betrieben, ein tapfrer getreuer Adel bewaffnete sich für den Prinzen, und eine solenne ausführliche Akte ward aufgesetzt, die ganze zerstreute Partei in Eins zu verbinden und den Zweck dieser Conföderation zu bestimmen. Man erklärte in derselben, daß man die Waffen ergriffen habe, um die Gesetze des Reichs, das Ansehen und selbst die Person des Königs gegen die gewaltthätigen Anschläge gewisser ehrsüchtiger Köpfe in Schutz zu nehmen, die den ganzen Staat in Verwirrung stürzten. Man verpflichtete sich durch ein heiliges Gelübde, allen Gotteslästerungen, allen Entweihungen der Religion, allen abergläubische Meinungen und Gebräuchen, allen Ausschweifungen u. dgl. nach Vermögen sich zu widersetzen, welches eben so viel war, als der katholischen Kirche förmlich den Krieg ankündigen. Endlich und schließlich erkannte man den Prinzen von Condé als das Haupt der ganzen Verbindung und versprach ihm Gut und Blut und den strengsten Gehorsam. Die Rebellion bekam von jetzt an eine mehr regelmäßige Gestalt, die einzelnen Unternehmungen mehr Beziehung aufs Ganze, mehr Zusammenhang; jetzt erst wurde die Partei zu einem organischen Körper, den ein denkender Geist beseelte. Zwar hatten sich Katholische und Reformierte schon lange vorher in einzelnen kleinen Kämpfen gegen einander versucht; einzelne Edelleute hatten in verschiedenen Provinzen zu den Waffen gegriffen, Soldaten geworben, Städte durch Ueberfall gewonnen, das platte Land verheert, kleine Schlachten geliefert; aber diese einzelnen Operationen, so viel Drangsale sie auch auf die Gegenden häuften, die der Schauplatz derselben waren, blieben für das Ganze ohne Folgen, weil es sowohl an einem bedeutenden Platz als an einer Hauptarmee fehlte, die nach einer Niederlage den flüchtigen Truppen eine Zuflucht gewähren konnte.

Im ganzen Königreiche waffnete man sich jetzt, hier zum Angriffe und dort zur Gegenwehr; besonders erklärten sich die vornehmsten Städte der Normandie, und Rouen zuerst, zu Gunsten der Reformierten. Ein schrecklicher Geist der Zwietracht, der auch die heiligsten Bande der Natur und der politischen Gesellschaft auflöste, durchlief die Provinzen. Raub, Mord und mördrische Gefechte bezeichneten jeden Tag; der grausenvolle Anblick rauchender Städte verkündigte das allgemeine Elend. Brüder trennten sich von Brüdern, Väter von ihren Söhnen, Freunde von Freunden, um sich zu verschiedenen Führern zu schlagen und im blutigen Gemenge der Bürgerschaft sich schrecklich wieder zu finden. Unterdessen zog sich eine regelmäßige Armee unter den Augen des Prinzen von Condé in Orleans, eine andre in Paris unter Anführung des Connetable von Montmorency und der Guisen zusammen, beide gleich ungeduldig, das große Schicksal der Religion und des Vaterlands zu entscheiden.

Ehe es dazu kam, versuchte Katharina, gleich verlegen über jeden möglichen Ausschlag des Krieges, der ihr, welchen von beiden Theilen er auch begünstige, einen Herrn zu geben drohte, noch einmal den Weg der Vermittlung. Auf ihre Veranstaltung unterhandelten die Anführer zu Toury in Person, und als dadurch nichts ausgerichtet ward, wurde zu Talsy zwischen Chateaudun und Orleans eine neue Conferenz angefangen. Der Prinz von Condé drang auf Entfernung des Herzogs von Guise, des Marschalls von Saint André und des Connetable, und die Königin hatte auch wirklich so viel von diesen erhalten, daß sie sich während der Conferenz auf einige Meilen von dem königlichen Lager entfernten. Nachdem auf diese Art der hauptsächlichste Grund des Mißtrauens aus dem Wege geräumt war, wußte diese verschlagene Fürstin, der es eigentlich nur darum zu thun war, sich der Tyrannei sowohl des einen als des andern Theils zu entledigen, den Prinzen von Condé durch den Bischof von Valence, ihren Unterhändler, mit arglistiger Kunst dahin zu vermögen, daß er sich erbot, mit seinem ganzen Anhange das Königreich zu verlassen, wenn nur seine Gegner das Nämliche thäten. Sie nahm ihn sogleich beim Worte und war im Begriff, über seine Unbesonnenheit zu triumphieren, als die allgemeine Unzufriedenheit der protestantischen Armee und eine reifere Erwägung des übereilten Schrittes den Prinzen bestimmte, die Conferenz schleunig abzubrechen und der Königin Betrug mit Betrug zu bezahlen. So mißlang auch der letzte Versuch zu einer gütlichen Beilegung, und der Ausschlag beruhte nun auf den Waffen.

Die Geschichtschreiber sind unerschöpflich in Beschreibung der Grausamkeiten, welche diesen Krieg bezeichneten. Ein einziger Blick in das Menschenherz und in die Geschichte wird hinreichen, uns alle diese Unthaten begreiflich zu machen. Die Bemerkung ist nichts weniger als neu, daß keine Kriege zugleich so ehrlos und so unmenschlich geführt werden, als die, welche Religionsfanatismus und Parteihaß im Innern eines Staats entzünden. Antriebe, welche in Ertödtung alles dessen, was den Menschen sonst das Heiligste ist, bereits ihre Kraft bewiesen, welche das ehrwürdige Verhältniß zwischen dem Souverän und dem Unterthan und den noch stärkern Trieb der Natur übermeisterten, finden an den Pflichten der Menschlichkeit keinen Zügel mehr; und die Gewalt selbst, welche Menschen anwenden müssen, um jene starken Bande zu sprengen, reißt sie blindlings und unaufhaltsam zu jedem Aeußersten fort. Die Gefühle für Gerechtigkeit, Anständigkeit und Treue, welche sich auf anerkannte Gleichheit der Rechte gründen, verlieren in Bürgerkriegen ihre Kraft, wo jeder Theil in dem andern einen Verbrecher sieht und sich selbst das Strafamt über ihn zueignet. Wenn ein Staat mit dem andern kriegt, und nur der Wille des Souveräns seine Völker bewaffnet, nur der Antrieb der Ehre sie zur Tapferkeit spornt, so bleibt sie ihnen auch heilig gegen den Feind, und eine edelmüthige Tapferkeit weiß selbst ihre Opfer zu schonen. Hier ist der Gegenstand der Begierden des Kriegers etwas ganz Verschiedenes von dem Gegenstande seiner Tapferkeit, und es ist fremde Leidenschaft, die durch seinen Arm streitet. In Bürgerkriegen streitet die Leidenschaft des Volks, und der Feind ist der Gegenstand derselben. Jeder einzelne Mann ist hier *Beleidiger*, weil jeder Einzelne *aus freier Wahl* die Partei ergriff, für die er streitet. Jeder Mann ist hier *Beleidigter*, weil man verachtet, was er schätzt, weil man anfeindet, was er liebt, weil man verdammt, was er erwählte. Hier, wo Leidenschaft und Noth dem friedlichen Ackermann, dem Handwerker, dem Künstler das ungewohnte Schwert in die Hände zwingen, kann nur Erbitterung und Wuth den Mangel an Kriegskunst, nur Verzweiflung den Mangel wahrer Tapferkeit ersetzen. Hier, wo man Herd, Heimath, Familie, Eigenthum verließ, wirft man mit schadenfrohem Wohlgefallen den Feuerbrand in Fremdes und achtet nicht auf fremden Lippen die Stimme der Natur, die zu Hause vergeblich erschallte. Hier endlich, wo die Quellen selbst sich trüben, aus denen dem gemeinen Volk alle Sittlichkeit fließt, wo das Ehrwürdige geschändet, das Heilige entweiht, das Unwandelbare aus seinen Fugen gerückt ist, wo die Lebensorgane der allgemeinen Ordnung erkranken, steckt das verderbliche Beispiel des Ganzen jeden einzelnen Busen an, und in jedem Gehirne tobt der Sturm, der die Grundfesten des Staats erschüttert. Dreimal schrecklicheres Loos, wo sich religiöse Schwärmerei mit Parteihaß gattet und die Fackel des Bürgerkrieges sich an der unreinen Flamme des priesterlichen Eifers entzündet!

Und dies war der Charakter dieses Krieges, der jetzt Frankreich verwüstete. Aus dem Schooße der reformierten Religion ging der finstre grausame Geist hervor, der ihm diese unglückliche Richtung gab, der alle diese Unthaten erzeugte. Im Lager dieser Partei erblickte man nichts Lachendes, nichts Erfreuliches; alle Spiele, alle geselligen Lieder hatte der finstre Eifer verbannt. Psalmen und Gebete ertönten an deren Stelle, und die Prediger waren ohne Aufhören beschäftigt, dem Soldaten die Pflichten gegen seine Religion einzuschärfen und seinen fanatischen Eifer zu schüren. Eine Religion, welche der Sinnlichkeit solche Martern auflegte, konnte die Gemüther nicht zur Menschlichkeit einladen; der Charakter der ganzen Partei mußte mit diesem düstern und knechtischen Glauben verwildern. Jede Spur des Papstthums setzte den Schwärmergeist des Calvinisten in Wuth: Altäre und Menschen wurden ohne Unterschied seinem unduldsamen Stolz aufgeopfert. Wohin ihn der Fanatismus allein nicht gebracht hatte, dazu zwangen ihn Mangel und Noth. Der Prinz von Condé selbst gab das Beispiel einer Plünderung, welches bald durch das ganze Königreich nachgeahmt wurde. Von den Hilfsmitteln verlassen, womit er die Unkosten des Kriegs bisher bestritten hatte, legte er seine Hand an die katholischen Kirchengeräthe, deren er habhaft werden konnte, und ließ die heiligen Gefäße und Zierathen einschmelzen. Der Reichthum der Kirchen war eine zu große Lockung für die Habsucht der Protestanten, und die Entweihung der Heiligthümer für ihre Rachbegierde ein viel zu süßer Genuß, um der Versuchung zuwiderstehen. Alle Kirchen, deren sie sich bemeistern konnten, die Klöster besonders, mußten den doppelten Ausbruch ihres Geizes und ihres frommen Eifers erfahren. Mit dem Raub allein nicht zufrieden, entweihten sie die Heiligthümer ihrer Feinde durch den bittersten Spott und beflissen sich mit absichtlicher Grausamkeit, die Gegenstände ihrer Anbetung durch einen barbarischen Muthwillen zu entehren. Sie rissen die Kirchen ein, schleiften die Altäre, verstümmelten die Bilder der Heiligen, traten die Reliquien mit Füßen oder schändeten sie durch den niedrigsten Gebrauch, durchwühlten sogar die Gräber und ließen die Gebeine der Todten den Glauben der Lebenden entgelten. Kein Wunder, daß so empfindliche Kränkungen zu der schrecklichsten Wiedervergeltung reizten, daß alle katholischen Kanzeln von Verwünschungen gegen die ruchlosen Schänder des Glaubens ertönten, daß der ergriffene Hugenotte bei dem Papisten keine Barmherzigkeit fand, daß Gräuelthaten gegen die vermeintliche Gottheit durch Gräuelthaten gegen Natur und Menschheit geahndet wurden!

Von den Anführern selbst ging das Beispiel dieser barbarischen Thaten aus, aber die Ausschweifungen, zu welchen der Pöbel beider Parteien dadurch hingerissen ward, ließen sie bald ihre leidenschaftliche Uebereilung bereuen. Jede Partei wetteiferte, es der andern an erfinderischer Grausamkeit zuvorzuthun. Nicht zufrieden mit der blutig befriedigten Rache, suchte man noch durch neue Künste der Tortur diese schreckliche Lust zu verlängern. Menschenleben war zu einem Spiel geworden, und das Hohnlachen des Mörders schärfte noch die Stacheln eines schmerzhaften Todes. Keine Freistätte, kein beschworner Vertrag, kein Menschen- und Völkerrecht schützte gegen die blinde thierische Wuth; Treu und Glaube war dahin; und durch Eidschwüre lockte man nur die Opfer. Ein Schluß des Pariser Parlaments, welcher der reformierten Lehre förmlich und feierlich das Verdammungsurtheil sprach und alle Anhänger derselben dem Tode weihte, ein andrer nachdrücklicherer Urtheilsspruch, der aus dem Conseil des Königs ausging und alle Anhänger der Prinzen von Condé, ihn selbst ausgenommen, als Beleidiger der Majestät in die Acht erklärte, konnte nicht wohl dazu beitragen, die erbitterten Gemüther zu besänftigen, denn nun feuerte der Name ihres Königs und die gewisse Absicht der Beute den Verfolgungseifer der Papisten an, und den Muth der Hugenotten stärkte Verzweiflung.

Umsonst hatte Katharina von Medicis alle Künste ihrer Politik aufgeboten, die Wuth der Parteien zu besänftigen, umsonst hatte ein Schluß des Conseil alle Anhänger des Prinzen von Condé als Rebellen und Hochverräther erklärt, umsonst das Pariser Parlament die Partei gegen die Calvinisten ergriffen; der Bürgerkrieg war da, und ganz Frankreich stand in Flammen. Wie groß aber auch das Zutrauen der Letztern zu ihren Kräften war, so entsprach der Erfolg doch keineswegs den Erwartungen, welche ihre Zurüstung erweckt hatte. Der reformierte Adel, welcher die Hauptstärke der Armee des Prinzen von Condé ausmachte, hatte in kurzer Zeit seinen kleinen Vorrath verzehrt, und außer Stande, sich, da nichts Entscheidendes geschah und der Krieg in die Länge gespielt wurde, forthin selbst zu verköstigen, gab er den dringenden Aufforderungen der Selbstliebe nach, welche ihn heim rief, seinen eigenen Herd zu verteidigen. Zerronnen war in kurzer Zeit diese so große Thaten versprechende Armee, und dem Prinzen, jetzt viel zu schwach, um einem überlegenen Feind im Felde zu begegnen, blieb nichts übrig, als sich mit dem Ueberrest seiner Truppen in der Stadt Orleans einzuschließen.

Hier erwartete er nun die Hilfe, zu welcher einige auswärtige protestantische Mächte ihm Hoffnung gemacht hatten. Deutschland und die Schweiz waren für beide kriegführende Parteien eine Vorratskammer von Soldaten, und ihre feile Tapferkeit, gleichgültig gegen die Sache, wofür gefochten werden sollte, stand dem Meistbietenden zu Gebot. Deutsche sowohl als schweizerische Miethtruppen schlugen sich, je nachdem ihr eigener und ihrer Anführer Vortheil es erheischte, zu entgegengesetzten Fahnen, und das Interesse der Religion wurde wenig dabei in Betrachtung gezogen. Indem dort an den Ufern des Rheins ein deutsches Heer für den Prinzen geworben ward, kam zugleich ein sehr wichtiger Vertrag mit der Königin Elisabeth von England zu Stande. Die nämliche Politik, welche diese Fürstin in der Folge veranlaßte, sich zur Beschützerin der Niederlande gegen ihren Unterdrücker, Philipp von Spanien, aufzuwerfen und diesen neu aufblühenden Staat in ihre Obhut zu nehmen, legte ihr gegen die französischen Protestanten gleiche Pflichten auf, und das große Interesse der Religion erlaubte ihr nicht, dem Untergange ihrer Glaubensgenossen in einem benachbarten Königreich gleichgültig zuzusehen. Diese Antriebe ihres Gewissens wurden nicht wenig durch politische Gründe verstärkt. Ein bürgerlicher Krieg in Frankreich sicherte ihren eigenen noch wankenden Thron vor einem Angriff von dieser Seite und eröffnete ihr zugleich eine erwünschte Gelegenheit, auf Kosten dieses Staats ihre eignen Besitzungen zu erweitern. Der Verlust von Calais war eine noch frische Wunde für England; mit diesem wichtigen Grenzplatz hatte es den freien Eintritt in Frankreich verloren. Diesen Schaden zu ersetzen und von einer andern Seite in dem Königreich festen Fuß zu fassen, beschäftigte schon längst die Politik der Elisabeth, und der Bürgerkrieg, der sich nunmehr in Frankreich entzündet hatte, zeigte ihr die Mittel, es zu bewerkstelligen. Sechstausend Mann englischer Hilfstruppen wurden dem Prinzen von Condé unter der Bedingung bewilligt, daß die eine Hälfte derselben die Stadt Havre de Grace, die andre die Städte Rouen und Dieppe in der Normandie, als eine Zuflucht der verfolgten Religionsverwandten, besetzt halten sollte. So löschte ein wüthender Parteigeist auf eine Zeit lang alle patriotischen Gefühle bei den französischen Protestanten aus, und der verjährte Nationalhaß gegen die Britten wich auf Augenblicke dem glühendern Sektenhaß und dem Verfolgungsgeist erbitterter Faktionen.

Der gefürchtete nahe Eintritt der Engländer in die Normandie zog die königliche Armee nach dieser Provinz, und die Stadt Rouen wurde belagert. Das Parlament und die vornehmsten Bürger hatten sich schon vorher aus dieser Stadt geflüchtet, und die Verteidigung derselben blieb einer fanatischen Menge überlassen, die, von schwärmerischen Prädikanten erhitzt, bloß ihrem blinden Religionseifer und dem Gesetz der Verzweiflung Gehör gab. Aber alles Widerstandes von Seiten der Bürgerschaft ungeachtet, wurden die Wälle nach einer monatlangen Gegenwehr im Sturme erstiegen und die Halsstarrigkeit ihrer Vertheidiger durch eine barbarische Behandlung geahndet, welche man zu Orleans auf protestantischer Seite nicht lang unvergolten ließ. Der Tod des Königs von Navarra, welcher auf eine vor dieser Stadt empfangene Wunde erfolgte, macht die Belagerung von Rouen im Jahr 1562 berühmt, aber nicht eben merkwürdig; denn der Hintritt dieses Prinzen blieb gleich unbedeutend für beide kämpfende Parteien.

Der Verlust von Rouen und die siegreichen Fortschritte der feindlichen Armee in der Normandie drohten dem Prinzen von Condé, der jetzt nur noch wenige große Städte unter seiner Botmäßigkeit sah, den nahen Untergang seiner Partei, als die Erscheinung der deutschen Hülfstruppen, mit denen sich sein Obrister Andelot, nach überstandnen unsäglichen Schwierigkeiten, glücklich vereinigt hatte, aufs neue seine Hoffnungen belebte. An der Spitze dieser Truppen, welche in Verbindung mit seinen eigenen ein bedeutendes Heer ausmachten, fühlte er sich stark genug, nach Paris aufzubrechen und diese Hauptstadt durch seine unverhoffte gewaffnete Ankunft in Schrecken zu setzen. Ohne die politische Klugheit Katharinens wäre diesmal entweder Paris erobert oder wenigstens ein vorteilhafter Friede von den Protestanten errungen worden. Mit Hilfe der Unterhandlungen, ihrem gewöhnlichen Rettungsmittel, wußte sie den Prinzen mitten im Lauf seiner Unternehmung zu fesseln und durch Vorspiegelung günstiger Traktaten Zeit zur Rettung zu gewinnen. Sie versprach, das Edikt des Jänners, welches den Protestanten die freie Religionsübung zusprach, zu bestätigen, bloß mit Ausnahme derjenigen Städte, in welchen die souveränen Gerichtshöfe ihre Sitzung hätten. Da der Prinz die Religionsduldung auch auf diese letztern ausgedehnt wissen wollte, so wurden die Unterhandlungen in die Länge gezogen, und Katharina erhielt die gewünschte Frist, ihre Maßregeln zu ergreifen. Der Waffenstillstand, den sie während dieser Traktaten geschickt von ihm zu erhalten wußte, ward für die Conföderierten verderblich, und indem die Königlichen innerhalb der Mauern von Paris neue Kräfte schöpften und sich durch spanische Hülfstruppen verstärkten, schmolz die Armee des Prinzen durch Desertion und strenge Kälte dahin, daß er in kurzem zu einem schimpflichen Aufbruch gezwungen wurde. Er richtete seinen Marsch nach der Normandie, wo er Geld und Truppen aus England erwartete, sah sich aber ohnweit der Stadt Dreux von der nacheilenden Armee der Königin eingeholt und zu einem entscheidenden Treffen genöthigt. Bestürzt und unschlüssig, gleich als hätten die unterdrückten Gefühle der Natur auf einen Augenblick ihre Rechte zurückgefordert, staunten beide Heere einander an, ehe die Kanonen die Losung des Todes gaben; der Gedanke an das Bürger- und Bruderblut, das jetzt verspritzt werden sollte, schien jeden einzelnen Kämpfer mit flüchtigem Entsetzen zu durchschauern. Nicht lange aber dauerte dieser Gewissenskampf; der wilde Ruf der Zwietracht übertäubte bald der Menschlichkeit leise Stimme. Ein desto wüthenderer Sturm folgte auf diese bedeutungsvolle Stille. Sieben schreckliche Stunden fochten beide Theile mit gleich kühnem Muthe, mit gleich heftiger Erbitterung. Ungewiß schwankte der Sieg von einer Seite zur andern, bis die Entschlossenheit des Herzogs von Guise ihn endlich auf die Seite des Königs neigte Unter den Verbundenen wurde der Prinz von Condé, unter den Königlichen der Connetable von Montmorency zu Gefangenen gemacht, und von den Letztern blieb noch der Marschall von St. André auf dem Platze. Das Schlachtfeld blieb dem Herzog von Guise, welchen dieser entscheidende Sieg zugleich von einem furchtbaren öffentlichen Feind und von zwei Nebenbuhlern seiner Macht befreite.

Hatte Katharina mit Widerwillen die Abhängigkeit ertragen, in welche sie durch die Triumvirn versetzt war, so mußte ihr nunmehr die Alleinherrschaft des Herzogs, dessen Ehrgeiz keine Grenzen, dessen gebieterischer Stolz keine Mäßigung kannte, doppelt empfindlich fallen. Der Sieg bei Dreux, weit entfernt, ihre Wünsche zu befördern, hatte ihr einen Herrn in ihm gegeben, der nicht lange säumte, sich der erlangten Ueberlegenheit zu bedienen und die zuversichtlich stolze Sprache des Herrschers zu führen. Alles stand ihm zu Gebot, und die unumschränkte Macht, die er besaß, verschaffte ihm die Mittel, sich Freunde zu erkaufen und den Hof sowohl als die Armee mit seinen Geschöpfen anzufüllen. Katharina, so sehr ihr die Staatsklugheit anrieth, die gesunkene Partei der Protestanten wieder aufzurichten und durch Wiederherstellung des Prinzen von Condé die Anmaßungen des Herzogs zu beschränken, wurde durch den überlegenen Einfluß des Letztern zu entgegengesetzten Maßregeln fortgerissen. Der Herzog verfolgte seinen Sieg und rückte vor die Stadt Orleans, um durch Ueberwältigung dieses Platzes, welcher die Hauptmacht der Protestanten einschloß, ihrer Partei auf einmal ein Ende zu machen. Der Verlust einer Schlacht und die Gefangenschaft ihres Anführers hatte den Muth derselben zwar erschüttern, aber nicht ganz niederbeugen können. Admiral Coligny stand an ihrer Spitze, dessen erfinderischer, an Hilfsmitteln unerschöpflicher Geist sich in der Widerwärtigkeit immer am glänzendsten zu entfalten pflegte. Er hatte die Trümmer der geschlagenen Armee in kurzem wieder unter seinen Fahnen versammelt und ihr, was noch mehr war, in seiner Person einen Feldherrn gegeben. Durch englische Truppen verstärkt und mit englischem Gelde befriedigt, führte er sie in die Normandie, um sich in dieser Provinz durch kleine Wagestücke zu einer größern Unternehmung zu stärken.

Unterdessen fuhr Franz von Guise fort, die Stadt Orleans zu ängstigen, um durch Eroberung derselben seinen Triumphen die Krone aufzusetzen. Andelot hatte sich mit dem Kern der Armee und den versuchtesten Anführern in diese Stadt geworfen, wo noch überdies der gefangene Connetable in Verwahrung gehalten wurde. Die Einnahme eines so wichtigen Platzes hätte den Krieg auf einmal geendigt, und darum sparte der Herzog keine Mühe, sie in seine Gewalt zu bekommen. Aber anstatt der gehofften Lorbeern fand er an ihren Mauern das Ziel seiner Größe. Ein Meuchelmörder, Johann Poltrot de Mère, verwundete ihn mit vergifteten Kugeln und machte mit dieser blutigen That den Anfang des Trauerspiels, welches der Fanatismus nachher in einer Reihe von ähnlichen Gräuelthaten so schrecklich entwickelte. Unstreitig wurde die calvinische Partei in ihm eines furchtbaren Gegners, Katharina eines gefährlichen Teilhabers ihrer Macht entledigt; aber Frankreich verlor mit ihm zugleich einen Helden und einen großen Mann. Wie hoch sich auch die Anmaßungen dieses Fürsten erstiegen, so war er doch gewiß auch der Mann für seine Plane; wie viel Stürme auch sein Ehrgeiz im Staate erregt hatte, so fehlte demselben doch, selbst nach dem Geständniß seiner Feinde, der Schwung der Gesinnungen nicht, welcher in großen Seelen jede Leidenschaft adelt. Wie heilig ihm auch mitten unter den verwilderten Sitten des Bürgerkriegs, wo die Gefühle der Menschlichkeit sonst so gerne verstummen, die Pflicht der Ehre war, beweist die Behandlung, welche er dem Prinzen von Condé, seinem Gefangenen nach der Schlacht bei Dreux, widerfahren ließ. Mit nicht geringem Erstaunen sah man diese zwei erbitterten Gegner, so viele Jahre lang geschäftig, sich zu vertilgen, durch so viele erlittne Beleidigungen zur Rache, so viele ausgeübte Feindseligkeiten zum Mißtrauen gereizt, an Einer Tafel vertraulich zusammen speisen und, nach der Sitte jener Zeit, in demselbigen Bette schlafen.

Der Tod ihres Anführers hemmte schnell die Thätigkeit der katholischen Partei und erleichterte Katharinens Bemühungen, die Ruhe wieder herzustellen. Frankreichs immer zunehmendes Elend erregte dringende Wünsche nach Frieden, wozu die Gefangenschaft der beiden Oberhäupter, Condé und Montmorency, gegründete Hoffnung machte. Beide, gleich ungeduldig nach Freiheit, von der Königin Mutter unablässig zur Versöhnung gemahnt, vereinigten sich endlich in dem Vergleiche von Amboise 1563, worin das Edikt des Jänners mit wenigen Ausnahmen bestätigt, den Reformierten die öffentliche Religionsübung in denjenigen Städten, welche sie zur Zeit in Besitz hatten, zugestanden, auf dem Lande hingegen auf die Ländereien der hohen Gerichtsherren und zu einem Privatgottesdienst in den Häusern des Adels eingeschränkt, übrigens das Vergangene einer allgemeinen ewigen Vergessenheit überliefert ward.

So erheblich die Vortheile schienen, welche der Vergleich von Amboise den Reformierten verschaffte, so hatte Coligny dennoch vollkommen recht, ihn als ein Werk der Uebereilung von Seiten des Prinzen, und von Seiten der Königin als ein Werk des Betrugs zu verwünschen. Dahin waren mit diesem unzeitigen Frieden alle glänzenden Hoffnungen seiner Partei, die im ganzen Laufe dieses Bürgerkriegs vielleicht noch nie so gegründet gewesen waren. Der Herzog von Guise, die Seele der katholischen Partei, der Marschall von St. André, der König von Navarra im Grabe, der Connetable gefangen, die Armee ohne Anführer und schwierig wegen des ausbleibenden Soldes, die Finanzen erschöpft; auf der andern Seite eine blühende Armee, Englands mächtige Hilfe, Freunde in Deutschland, und in dem Religionseifer der französischen Protestanten Hilfsquellen genug, den Krieg fortzusetzen. Die wichtigen Waffenplätze Lyon und Orleans, mit so vielem Blute erworben und vertheidigt, gingen nunmehr durch einen Federzug verloren; die Armee mußte auseinander, die Deutschen nach Hause gehen. Und für alle diese Aufopferungen hatte man, weit entfernt, einen Schritt vorwärts zu der bürgerlichen Gleichheit der Religionen zu thun, nicht einmal die vorigen Rechte zurück erhalten.

Die Auswechselung der gefangenen Anführer und die Verjagung der Engländer aus Havre de Grace, welche Montmorency durch die Ueberreste des abgedankten protestantischen Heeres bewerkstelligte, waren die erste Frucht dieses Friedens, und der gleiche Wetteifer beider Parteien, diese Unternehmung zu beschleunigen, bewies nicht sowohl den wiederauflebenden Gemeingeist der Franzosen, als die unvertilgbare Gewalt des Nationalhasses, den weder die Pflicht der Dankbarkeit noch das stärkste Interesse der Leidenschaft überwinden konnte. Nicht sobald war der gemeinschaftliche Feind von dem vaterländischen Boden vertrieben, als alle Leidenschaften, welche der Sektengeist entflammt, in ihrer vorigen Stärke zurückkehrten und die traurigen Scenen der Zwietracht erneuerten. So gering der Gewinn auch war, den die Calvinisten aus dem neu errichteten Vergleiche schöpften, so wurde ihnen auch dieses Wenige mißgönnt, und unter dem Vorwand, die Vergleichspunkte zur Vollziehung zu bringen, maßte man sich an, ihnen durch eine willkürliche Auslegung die engsten Grenzen zu setzen. Montmorencys herrschbegieriger Geist war geschäftig, den Frieden zu untergraben, wozu er doch selbst das Werkzeug gewesen war; denn nur der Krieg konnte ihn der Königin unentbehrlich machen. Der unduldsame Glaubenseifer, welcher ihn selbst beseelte, theilte sich mehreren Befehlshabern in den Provinzen mit, und wehe den Protestanten in denjenigen Distrikten, wo sie die Mehrheit nicht auf ihrer Seite hatten! Umsonst reklamierten sie die Rechte, welche der ausdrückliche Buchstabe des Vertrages ihnen zugestand; der Prinz von Condé, ihr Beschützer, von dem Netze der Königin umstrickt und der undankbaren Rolle eines Parteiführers müde, entschädigte sich in der wollüstigen Ruhe des Hoflebens für die langen Entbehrungen, welche der Krieg seiner herrschenden Neigung auferlegt hatte. Er begnügte sich mit schriftlichen Gegenvorstellungen, welche, von keiner Armee unterstützt, natürlicher Weise ohne Folgen blieben, während daß ein Edikt auf das andre erschien, die geringen Freiheiten seiner Partei noch mehr zu beschränken.

Mittlerweile führte Katharina den jungen König, der im Jahr 1563 für volljährig erklärt ward, in ganz Frankreich umher, um den Unterthanen ihren Monarchen zu zeigen, die Empörungssucht der Faktionen durch die königliche Gegenwart niederzuschlagen und ihrem Sohne die Liebe der Nation zu erwerben. Der Anblick so vieler zerstörten Klöster und Kirchen, welche von der fanatischen Wuth des protestantischen Pöbels furchtbare Zeugen abgaben, konnte schwerlich dazu dienen, diesem jungen Fürsten einen günstigen Begriff von der neuen Religion einzuflößen, und es ist wahrscheinlich genug, daß sich bei dieser Gelegenheit ein glühender Haß gegen die Anhänger Calvins in seine Seele prägte.

Indem sich unter den mißvergnügten Parteien der Zunder zu einem neuen Kriegsfeuer sammelte, zeigte sich Katharina am Hofe geschäftig, zwischen den nicht minder erbitterten Anführern ein Gaukelspiel verstellter Versöhnung aufzuführen. Ein schwerer Verdacht befleckte schon seit lange die Ehre des Admirals von Coligny. Franz von Guise war durch die Hände des Meuchelmords gefallen, und der Untergang eines solchen Feindes war für den Admiral eine zu glückliche Begebenheit, als daß die Erbitterung seiner Gegner sich hätte enthalten können, ihn eines Antheils daran zu beschuldigen. Die Aussagen des Mörders, der sich, um seine eigene Schuld zu verringern, hinter den Schirm eines großen Namens flüchtete, gaben diesem Verdacht einen Schein von Gerechtigkeit. Nicht genug, daß die bekannte Ehrliebe des Admirals diese Verleumdung widerlegte – es gibt Zeitumstände, wo man an keine Tugend glaubt. Der verwilderte Geist des Jahrhunderts duldete keine Stärke des Gemüths, die sich über ihn hinweg schwingen wollte. Antoinette von Bourbon, die Wittwe des Ermordeten, klagte den Admiral laut und öffentlich als den Mörder an, und sein Sohn, Heinrich von Guise, in dessen jugendlicher Brust schon die künftige Größe pochte, hatte schon den furchtbaren Vorsatz der Rache gefaßt. Diesen gefährlichen Zunder neuer Feindseligkeiten erstickte Katharinens geschäftige Politik; denn so sehr die Zwietracht der Parteien ihren Trieb nach Herrschaft begünstigte, so sorgfältig unterdrückte sie jeden offenbaren Ausbruch derselben, der sie in die Nothwendigkeit setzte, zwischen den streitenden Faktionen Partei zu ergreifen und ihrer Unabhängigkeit verlustig zu werden. Ihrem unermüdeten Bestreben gelang es, von der Wittwe und dem Bruder des Entleibten eine Ehrenerklärung gegen den Admiral zu erhalten, welche diesen von der angeschuldigten Mordthat reinigte und zwischen beiden Häusern eine verstellte Versöhnung bewirkte.

Aber unter dem Schleier dieser erkünstelten Eintracht entwickelten sich die Keime zu einem neuen und wüthendern Bürgerkrieg. Jeder noch so geringe, den Reformierten bewilligte Vortheil dünkte den eifrigern Katholiken ein nie zu verzeihender Eingriff in die Hoheit ihrer Religion, eine Entweihung des Heiligthums, ein Raub, an der Kirche begangen, die auch das kleinste von ihren Rechten sich nicht vergeben dürfe. Kein noch so feierlicher Vertrag, der diese unverletzbaren Rechte kränkte, konnte nach ihrem Systeme Anspruch auf Gültigkeit haben; und Pflicht war es jedem Rechtgläubigen, dieser fremden fluchwürdigen Religionspartei diese Vorrechte, gleich einem gestohlnen Gut, wieder zu entreißen. Indem man von Rom aus geschäftig war, diese widrigen Gesinnungen zu nähren und noch mehr zu erhitzen, indem die Anführer der Katholischen diesen fanatischen Eifer durch das Ansehen ihres Beispiels bewaffneten, versäumte unglücklicherweise die Gegenpartei nichts, den Haß der Papisten durch immer kühnere Forderungen noch mehr gegen sich zu reizen und ihre Ansprüche in eben dem Verhältniß, als sie jenen unerträglicher fielen, weiter auszudehnen. »Vor kurzem,« erklärte sich Karl IX. gegen Coligny, »begnügtet ihr euch damit, von uns *geduldet* zu werden; jetzt wollt ihr *gleiche* Rechte mit uns haben; bald will ich erleben, daß ihr uns aus dem Königreich treibt, um das Feld allein zu behaupten.«

Bei dieser widrigen Stimmung der Gemüther konnte ein Friede nicht bestehen, der beide Parteien gleich wenig befriedigt hatte. Katharina selbst, durch die Drohungen der Calvinisten aus ihrer Sicherheit aufgeschreckt, dachte ernstlich auf einen öffentlichen Bruch, und die Frage war bloß, wie die nöthige Kriegsmacht in Bewegung zu setzen sei, um einen argwöhnischen und wachsamen Feind nicht zu frühzeitig von seiner Gefahr zu belehren. Der Marsch einer spanischen Armee nach den Niederlanden, unter der Anführung des Herzogs von Alba, welche bei ihrem Vorüberzug die französische Grenze berührte, gab den erwünschten Vorwand zu der Kriegsrüstung her, welche man gegen die innern Feinde des Königreichs machte. Es schien der Klugheit gemäß, eine so gefährliche Macht, als der spanische Generalissimus commandirte, nicht unbeachtet und unbewacht an den Pforten des Reichs vorüberziehen zu lassen, und selbst der argwöhnische Geist der protestantischen Anführer begriff die Nothwendigkeit, eine Observationsarmee aufzustellen, welche diese gefährlichen Gäste im Zaum halten und die bedrohten Provinzen gegen einen Ueberfall decken könnte. Um auch ihrerseits von diesem Umstande Vortheil zu ziehen, erboten sie sich voll Arglist, ihre eigne Partei zum Beistand des Königreichs zu bewaffnen; ein Stratagem, wodurch sie, wenn es gelungen wäre, das Nämliche gegen den Hof zu erreichen hofften, was dieser gegen sie selbst beabsichtet hatte. In aller Eile ließ nun Katharina Soldaten werben und ein Heer von sechstausend Schweizern bewaffnen, über welche sie, mit Uebergehung der Calvinisten, lauter katholische Befehlshaber setzte. Diese Kriegsmacht blieb, so lange sein Zug dauerte, dem Herzog von Alba zur Seite, dem es nie in den Sinn gekommen war, etwas Feindliches gegen Frankreich zu unternehmen. Anstatt aber nun nach Entfernung der Gefahr auseinander zu gehen, richteten die Schweizer ihren Marsch nach dem Herzen des Königreichs, wo man die vornehmsten Anführer der Hugenotten unvorbereitet zu überfallen hoffte. Dieser verrätherische Anschlag wurde noch zu rechter Zeit laut, und mit Schrecken erkannten die Letztern die Nähe des Abgrunds, in welchen man sie stürzen wollte. Ihr Entschluß mußte schnell sein. Man hielt Rath bei Coligny, in wenig Tagen sah man die ganze Partei in Bewegung. Der Plan war, dem Hofe den Vorsprung abzugewinnen und den König auf seinem Landsitz zu Monceaux aufzuheben, wo er sich bei geringer Bedeckung in tiefer Sicherheit glaubte. Das Gerücht von diesen Bewegungen verscheuchte ihn zwar nach Meaux, wohin man die Schweizer aufs eilfertigste beorderte. Diese fanden sich zwar noch frühzeitig genug ein; aber die Reiterei des Prinzen von Condé rückte immer näher und näher, immer zahlreicher ward das Heer der Verbundenen und drohte, den König in seinem Zufluchtsort zu belagern. Die Entschlossenheit der Schweizer riß den König aus dieser dringenden Gefahr. Sie erboten sich, ihn mitten durch den Feind nach Paris zu führen, und Katharina bedachte sich nicht, die Person des Königs ihrer Tapferkeit anzuvertrauen. Der Aufbruch geschah gegen Mitternacht; den Monarchen nebst seiner Mutter in ihrer Mitte, den sie in einem gedrängten Viereck umschloß, wandelte diese bewegliche Festung fort und bildete mit vorgestreckten Piken eine stachlichte Mauer, welche die feindliche Reiterei nicht durchbrechen konnte. Der herausfordernde Muth, mit dem die Schweizer einherschritten, angefeuert durch das heilige Palladium der Majestät, das ihre Mitte beherbergte, schlug die Herzhaftigkeit des Feindes darnieder, und die Ehrfurcht vor der Person des Königs, welche die Brust der Franzosen so spät verläßt, erlaubte dem Prinzen von Condé nicht, etwas mehr als einige unbedeutende Scharmützel zu wagen. Und so erreichte der König noch an demselben Abende Paris und glaubte, dem Degen der Schweizer nichts Geringeres als Leben und Freiheit zu verdanken.

Der Krieg war nun erklärt, und zwar unter der gewöhnlichen Förmlichkeit, daß man nicht gegen den König, sondern gegen seine und des Staats Feinde die Waffen ergriffen habe. Unter diesen war der Cardinal von Lothringen der Verhaßteste, und überzeugt, daß er der protestantischen Sache die schlimmsten Dienste zu leisten pflege, hatte man auf den Untergang dieses Mannes ein vorzügliches Absehen gerichtet. Glücklicher Weise entfloh er noch zu rechter Zeit dem Streich, welcher gegen ihn geführt werden sollte, indem er seinen Hausrath der Wuth des Feindes überließ.

Die Cavallerie des Prinzen stand zwar im Felde, aber durch die Zurüstungen des Königs übereilt, hatte sie nicht Zeit gehabt, sich mit dem erwarteten deutschen Fußvolk zu vereinigen und eine ordentliche Armee zu formieren. So muthig der französische Adel war, der die Reiterei des Prinzen größtenteils ausmachte, so wenig taugte er zu Belagerungen, auf welche es doch bei diesem Kriege vorzüglich ankam. Nichtsdestoweniger unternahm dieser kleine Haufe, Paris zu berennen, drang eilfertig gegen diese Hauptstadt vor und machte Anstalten, sie durch Hunger zu überwältigen. Die Verheerung, welche die Feinde in der ganzen Nachbarschaft von Paris anrichteten, erschöpfte die Geduld der Bürger, welche den Ruin ihres Eigenthums nicht länger müßig ansehen konnten. Einstimmig drangen sie darauf, gegen den Feind geführt zu werden, der sich mit jedem Tag an ihren Thoren verstärkte. Man mußte eilen, etwas Entscheidendes zu thun, ehe es ihm gelang, die deutschen Truppen an sich zu ziehen und durch diesen Zuwachs das Uebergewicht zu erlangen. So kam es am 10. November des Jahrs 1567 zu dem Treffen bei St. Denis, in welchem die Calvinisten nach einem hartnäckigen Widerstand zwar den Kürzern zogen, aber durch den Tod des Connetable, der in dieser Schlacht seine merkwürdige Laufbahn beschloß, reichlich entschädigt wurden. Die Tapferkeit der Seinigen entriß diesen sterbenden General den Händen des Feindes und verschaffte ihm noch den Trost, in Paris unter den Augen seines Herrn den Geist aufzugeben. Er war es, der seinen Beichtvater mit diesen lakonischen Worten von seinem Sterbebette wegschickte: »Laßt es gut sein, Herr Pater; es wäre Schande, wenn ich in achtzig Jahren nicht gelernt hätte, eine Viertelstunde lang zu sterben.«

Die Calvinisten zogen sich nach ihrer Niederlage bei St. Denis eilfertig gegen die lothringischen Grenzen des Königreichs, um die deutschen Hilfsvölker an sich zu ziehen, und die königliche Armee setzte ihnen unter dem jungen Herzog von Anjou nach. Sie litten Mangel an dem Nothwendigsten, indem es den Königlichen an keiner Bequemlichkeit fehlte, und die feindselige Jahreszeit erschwerte ihnen ihre Flucht und ihren Unterhalt noch mehr. Nachdem sie endlich unter einem unausgesetzten Kampf mit Hunger und rauher Witterung das jenseitige Ufer der Maas erreicht hatten, zeigte sich keine Spur eines deutschen Heeres, und man war nach einem so langwierigen, beschwerdenvollen Marsche nicht weiter als man im Angesicht von Paris gewesen war. Die Geduld war erschöpft, der gemeine Mann wie der Adel murrte; kaum vermochte der Ernst des Admirals und die Jovialität des Prinzen von Condé eine gefährliche Trennung zu verhindern. Der Prinz bestand darauf, daß kein Heil sei, als in der Vereinigung mit den deutschen Völkern, und daß man sie schlechterdings bis zum bezeichneten Ort der Zusammenkunft aufsuchen müsse. »Aber,« fragte man ihn nachher, »wenn sie nun auch dort nicht wären zu finden gewesen, was würden die Hugenotten alsdann vorgenommen haben?« – »In die Hände gehaucht und die Finger gerieben, vermuthe ich,« erwiderte der Prinz, denn es war eine schneidende Kälte.

Endlich näherte sich der Pfalzgraf Casimir mit der sehnlich erwarteten deutschen Reiterei; aber nun befand man sich in einer neuen und größern Verlegenheit. Die Deutschen standen in dem Ruf, daß sie nicht eher zu fechten pflegten, als bis sie Geld sähen; und anstatt der hunderttausend Thaler, worauf sie sich Rechnung machten, hatte man ihnen kaum einige Tausend anzubieten. Man lief Gefahr, im Augenblick der Vereinigung aufs schimpflichste von ihnen verlassen zu werden und alle auf diesen Succurs gegründete Hoffnungen auf einmal scheitern zu sehen. Hier in diesem kritischen Moment nahm der Anführer der Franzosen seine Zuflucht zu der Eitelkeit seiner Landsleute und ihrer zarten Empfindlichkeit für die Nationalehre; und seine Hoffnung täuschte ihn nicht. Er gestand den Officieren sein Unvermögen, die Forderungen der Deutschen zu befriedigen, und sprach sie um Unterstützung an. Diese beriefen die Gemeinen zusammen, entdeckten denselben die Noth des Generals und strengten alle ihre Beredsamkeit an, sie zu einer Beisteuer zu ermuntern. Sie wurden dabei aufs nachdrücklichste von den Predigern unterstützt, die mit dreister Stirn zu beweisen suchten, daß es die Sache Gottes sei, die sie durch ihre Mildthätigkeit beförderten. Der Versuch glückte, der geschmeichelte Soldat beraubte sich freiwillig seines Putzes, seiner Ringe und aller seiner Kostbarkeiten; ein allgemeiner Wetteifer stellte sich ein, und es brachte Schande, von seinen Kameraden an Großmuth übertroffen zu werden. Man verwandelte alles in Geld und brachte eine Summe von fast hunderttausend Livres zusammen, mit der sich die Deutschen einstweilen abfinden ließen. Gewiß das einzige Beispiel seiner Art in der Geschichte, daß eine Armee die andere besoldete! Aber der Hauptzweck war doch nun erreicht, und beide vereinigten Heere erschienen nunmehr am Anfang des Jahrs 1568 wieder auf französischem Boden.

Ihre Macht war jetzt beträchtlich und wuchs noch mehr durch die Verstärkungen an, welche sie aus allen Enden des Königreichs an sich zogen. Sie belagerten Chartres und ängstigten die Hauptstadt selbst durch ihre angedrohte Erscheinung. Aber Condé zeigte bloß die Stärke seiner Partei, um dem Hof einen desto günstigern Vergleich abzulocken. Mit Widerwillen hatte er sich den Lasten des Kriegs unterzogen und wünschte sehnlich den Frieden, der seinem Hang zum Vergnügen weit mehr Befriedigung versprach. Er ließ sich deßwegen auch zu den Unterhandlungen bereitwillig finden, welche Katharina von Medicis, um Zeit zu gewinnen, eingeleitet hatte. Wie viel Ursache auch die Reformierten hatten, ein Mißtrauen in die Anerbietungen dieser Fürstin zu setzen, und wie wenig sie durch die bisherigen Verträge gebessert waren, so begaben sie sich doch zum zweitenmal ihres Vortheils und ließen unter fruchtlosen Negociationen die kostbare Zeit zu kriegerischen Unternehmungen verstreichen. Das zu rechter Zeit ausgestreute Geld der Königin verminderte mit jedem Tage die Armee; und die Unzufriedenheit der Truppen, welche Katharina geschickt zu nähren wußte, nöthigte die Anführer am 10. März 1568 zu einem unreifen Frieden. Der König versprach eine allgemeine Amnestie und bestätigte das Edikt des Jänners 1562, das die Reformierten begünstigte. Zugleich machte er sich anheischig, die deutschen Völker zu befriedigen, die noch beträchtliche Rückstände zu fordern hatten; aber bald entdeckte sich, daß er mehr versprochen hatte, als er halten konnte. Man glaubte, sich dieser fremden Gäste nicht schnell genug entledigen zu können, und doch wollten sie ohne Geld nicht von dannen ziehen. Ja, sie drohten, alles mit Feuer und Schwert zu verheeren, wenn man ihnen den schuldigen Sold nicht entrichtete. Endlich, nachdem man ihnen einen Theil der verlangten Summe auf Abschlag bezahlt und den Ueberrest noch während ihres Marsches nachzuliefern versprochen hatte, traten sie ihren Rückzug an, und der Hof schöpfte Muth, je mehr sie sich von dem Centrum des Reichs entfernten. Kaum aber fanden sie, daß die versprochenen Zahlungen unterblieben, so erwachte ihre Wuth aufs neue, und alle Landstriche, durch welche sie kamen, mußten die Wortbrüchigkeit des Hofes entgelten. Die Gewalttätigkeiten, die sie sich bei diesem Durchzug erlaubten, zwangen die Königin, sich mit ihnen abzufinden, und mit schwerer Beute beladen, räumten sie endlich das Reich. Auch die Anführer der Reformierten zerstreuten sich nach abgeschloßnem Frieden jeder in seine Provinz auf seine Schlösser, und gerade diese Trennung, welche man als gefährlich und unklug beurtheilte, rettete sie vom Verderben. Bei allen noch so schlimmen Anschlägen, die man gegen sie gefaßt hatte, durfte man sich an keinem Einzigen unter ihnen vergreifen, wenn man nicht alle zugleich zu Grund richten konnte. Um aber alle zugleich aufzuheben, hätte man, wie Laboureur sagt, das Netz über ganz Frankreich ausbreiten müssen.

Die Waffen ruhten jetzt auf eine Zeit lang, aber nicht so die Leidenschaften; es war bloß die bedenkliche Stille vor dem heranziehenden Sturme. Die Königin, von dem Joch eines mürrischen Montmorency und eines gebieterischen Herzogs von Guise befreit, regierte mit dem überlegenen Ansehen der Mutter und Staatsverständigen beinahe unumschränkt unter ihrem zwar mündigen, aber der Führung noch so bedürftigen Sohn, und sie selbst wurde von den verderblichen Rathschlägen des Cardinals von Lothringen geleitet. Der überwiegende Einfluß dieses unduldsamen Priesters unterdrückte bei ihr allen Geist der Mäßigung, nach dem sie bisher gehandelt hatte. Zugleich mit den Umständen hatte sich auch ihre ganze Staatskunst verändert. Voll Schonung gegen die Reformierten, so lange sie noch ihrer Hilfe bedurfte, um dem Ehrgeize eines Guise und Montmorency ein Gegengewicht zu geben, überließ sie sich nunmehr ganz ihrem natürlichen Abscheu gegen diese aufstrebende Sekte, sobald ihre Herrschaft befestigt war. Sie gab sich keine Mühe, diese Gesinnungen zu verbergen, und die Instruktionen, die sie den Gouverneurs der Provinzen ertheilte, athmeten diesen Geist. Sie selbst verfolgte jetzt diejenige Partei unter den katholischen, die für Duldung und Frieden gestimmt, und deren Grundsätze sie in den vorhergehenden Jahren selbst zu den ihrigen gemacht hatte. Der Kanzler wurde von dem Antheil an der Regierung entfernt und endlich gar auf seine Güter verwiesen. Man bezeichnete seine Anhänger mit dem zweideutigen Namen der *Politiker*, der auf ihre Gleichgültigkeit gegen das Interesse der Kirche anspielte und den Vorwurf enthielt, als ob sie die Sache Gottes bloß weltlichen Rücksichten aufopferten. Dem Fanatismus der Geistlichkeit wurde vollkommene Freiheit gegeben, von Kanzeln, Beichtstühlen und Altären auf die Sektierer loszustürmen; und jedem tollkühnen Schwärmer aus der katholischen Klerisei war erlaubt, in öffentlichen Reden

den Frieden anzugreifen und die verabscheuungswürdige Maxime zu predigen, daß man Hetzern keine Treue noch Glauben schuldig sei. Es konnte nicht fehlen, daß bei solchen Aufforderungen der blutdürstige Geist des Fanatismus bei dem so leicht entzündbaren Volk der Franzosen nur allzu schnell Feuer fing und in die wildesten Bewegungen ausbrach. Mißtrauen und Argwohn zerrissen die heiligsten Bande; der Menchelmord schliff seinen Dolch im Innern der Häuser, und auf dem Lande, wie in den Städten, in den Provinzen, wie in Paris, wurde die Fackel der Empörung geschwungen.

Die Calvinisten ließen es ihrerseits nicht an den bittersten Repressalien fehlen; doch, an Anzahl zu schwach, hatten sie dem Dolch der Katholischen bloß ihre Federn entgegen zu setzen. Vor allem sahen sie sich nach festen Zufluchtsörtern um, wenn der Kriegssturm aufs neue ausbrechen sollte. Zu diesem Zweck war ihnen die Stadt Rochelle am westlichen Ocean sehr gelegen; eine mächtige Seestadt, welche sich seit ihrer freiwilligen Unterwerfung unter französische Herrschaft der wichtigsten Privilegien erfreute und, beseelt mit republikanischem Geiste, durch einen ausgebreiteten Handel bereichert, durch eine gute Flotte vertheidigt, durch das Meer mit England und Holland verbunden, ganz vorzüglich dazu gemacht war, der Sitz eines Freistaats zu sein und der verfolgten Partei der Hugenotten zum Mittelpunkt zu dienen. Hieher verpflanzten sie die Hauptstärke ihrer Macht, und es gelang ihnen viele Jahre lang, hinter den Wällen dieser Festung der ganzen Macht Frankreichs zu trotzen.

Nicht lange stand es an, so mußte der Prinz von Condé selbst seine Zuflucht in Rochelles Mauern suchen. Katharina, um demselben alle Mittel zum Krieg zu rauben, forderte von ihm die Wiedererstattung der beträchtlichen Geldsummen, die sie in seinem Namen den deutschen Hilfsvölkern vorgestreckt hatte, und für die er mit den übrigen Anführern Bürge geworden war. Der Prinz konnte nicht Wort halten, ohne zum Bettler zu werden, und Katharina, die ihn aufs Aeußerste bringen wollte, bestand auf der Zahlung. Das Unvermögen des Prinzen, diese Schuld zu entrichten, berechtigte sie zu einem Bruch der Traktaten, und der Marschall von Tavannes erhielt Befehl, den Prinzen auf seinem Schloß Noyers in Burgund aufzuheben. Schon war die ganze Provinz von den Soldaten der Königin erfüllt, alle Zugänge zu dem Landsitz des Prinzen versperrt, alle Wege zur Flucht abgeschnitten, als Tavannes selbst, der zu dem Untergang des Prinzen nicht gern die Hand bieten wollte, Mittel fand, ihn von der nahen Gefahr zu belehren und seine Flucht zu befördern. Condé entwischte durch die offen gelassenen Pässe glücklich mit dem Admiral Coligny und seiner ganzen Familie und erreichte Rochelle am 18. September 1568. Auch die verwittwete Königin von Navarra, Mutter Heinrichs IV., welche Montluc hatte aufheben sollen, rettete sich mit ihrem Sohn, ihren Truppen und ihren Schätzen in diese Stadt, welche sich in kurzer Zeit mit einer kriegerischen und zahlreichen Mannschaft anfüllte. Der Cardinal von Chatillon entfloh in Matrosenkleidern nach England, wo er seiner Partei durch Unterhandlungen nützlich wurde, und die übrigen Häupter derselben säumten nicht, ihre Anhänger zu bewaffnen und die Deutschen aufs eilfertigste zurück zu berufen. Beide Theile greifen zum Gewehre, und der Krieg kehrt in seiner ganzen Furchtbarkeit zurück. Das Edikt des Jänners wird förmlich widerrufen, die Verfolgungen mit größerer Wuth gegen die Reformierten erneuert, jede Ausübung der neuen Religion bei Todesstrafe untersagt. Alle Schonung, alle Mäßigung hört auf, und Katharina, ihrer wahren Stärke vergessend, wagt an die ungewissen Entscheidungen der blinden Gewalt die gewissen Vortheile, welche ihr die Intrigue verschaffte.

Ein kriegerischer Eifer beseelt die ganze reformierte Partei, und die Wortbrüchigkeit des Hofs, die unerwartete Aufhebung aller ihnen günstigen Verordnungen ruft mehr Soldaten ins Feld, als alle Ermahnungen ihrer Anführer und alle Predigten ihrer Geistlichkeit nicht vermocht haben würden. Alles wird Bewegung und Leben, sobald die Trommel ertönt. Fahnen wehen auf allen Straßen; aus allen Enden des Königreichs sieht man bewaffnete Schaaren gegen den Mittelpunkt zusammen strömen. Mit der Menge der erlittnen und erwiesenen Kränkungen ist die Wuth der Streiter gestiegen; so viele zerrissene Verträge, so viele getäuschte Erwartungen hatten die Gemüther unversöhnlich gemacht, und längst schon war der Charakter der Nation in der langen Anarchie des bürgerlichen Krieges verwildert. Daher keine Mäßigung, keine Menschlichkeit, keine Achtung gegen das Völkerrecht, wenn man einen Vortheil über den Feind erlangte; noch Stand noch Alter wird gescheut und der Marsch der Truppen überall durch verwüstete Felder und eingeäscherte Dörfer bezeichnet. Schrecklich empfindet die katholische Geistlichkeit die Rache des Hugenottenpöbels, und nur das Blut dieser unglücklichen Schlachtopfer kann die finstre Grausamkeit dieser rohen Schaaren ersättigen. An Klöstern und Kirchen rächen sie die Unterdrückungen, welche sie von der herrschenden Kirche erlitten hatten. Das Ehrwürdige ist ihrer blinden Wuth nicht ehrwürdig, das Heilige nicht heilig; mit barbarischer Schadenfreude entkleiden sie die Altäre ihres Schmuckes, zerbrechen und entweihen sie die heiligen Gefäße, zerschmettern sie die Bildsäulen der Apostel und Heiligen und stürzen die herrlichsten Tempel in Trümmer. Ihre Mordgier öffnet sich die Zellen der Mönche und Nonnen, und ihre Schwerter werden mit dem Blut dieser Unschuldigen befleckt. Mit erfinderischer Wuth schärften sie durch den bittersten Hohn noch die Qualen des Todes, und oft konnte der Tod selbst ihre thierische Lust nicht stillen. Sie verstümmelten selbst noch die Leichname, und einer unter ihnen hatte den rasenden Geschmack, sich aus den Ohren der Mönche, die er niedergemacht hatte, ein Halsband zu verfertigen und es öffentlich als ein Ehrenzeichen zu tragen. Ein andrer ließ eine Hydra auf seine Fahnen malen, deren Köpfe mit Cardinalshüten, Bischofsmützen und Mönchskaputzen auf das seltsamste ausstaffiert waren. Er selbst war darneben als ein Herkules abgebildet, der alle diese Köpfe mit starken Fäusten herunterschlug. Kein Wunder, wenn so handgreifliche Symbole die Leidenschaften eines fanatischen rohen Haufens noch heftiger entflammten und dem Geist der Grausamkeit eine immerwährende Nahrung gaben. Die Ausschweifungen der Hugenotten wurden von den Papisten durch schreckliche Repressalien erwiedert, und wehe dem Unglücklichen, der lebendig in ihre Hände fiel. Sein Urtheil war einmal für immer gesprochen, und eine freiwillige Unterwerfung konnte sein Verderben höchstens nur wenige Stunden verzögern.

Mitten im Winter brachen beide Armeen, die königliche unter dem jungen Herzog von Anjou, dem der kriegserfahrene Tavannes an die Seite gegeben war, und die protestantische unter Condé und Coligny auf und stießen bei Loudun so nahe an einander, daß weder Fluß noch Graben ihre Schlachtordnungen trennte. Vier Tage blieben sie in dieser Stellung einander gegenüber stehen, ohne etwas Entscheidendes zu wagen, weil die Kälte zu streng war. Der zunehmende Frost zwang endlich die Königlichen zuerst zum Aufbruch; die Hugenotten folgten ihrem Beispiel, und der ganze Feldzug endigte sich ohne Entscheidung.

Unterdessen versäumten die Letztern nicht, in der Ruhe der Winterquartiere neue Kräfte zu dem folgenden Feldzug zu sammeln. Sie hatten die eroberten Provinzen glücklich behauptet, und viele andere Städte des Königreichs erwarteten bloß einen günstigen Augenblick, um sich laut für sie zu erklären. Ansehnliche Summen wurden aus dem Verkauf der Kirchengüter und den Confiscationen gezogen und von den Provinzen beträchtliche Steuern erhoben. Mit Hilfe derselben sahe sich der Prinz von Condé in den Stand gesetzt, seine Armee zu verstärken und in eine blühende Verfassung zu setzen. Fähige Generale commandierten unter ihm, und ein tapfrer Adel hatte sich unter seinen Fahnen versammelt. Zugleich waren seine Agenten in England sowohl als in Deutschland geschäftig, seine dortigen Bundsgenossen zu bewaffnen und seine Gegner neutral zu erhalten. Es gelang ihm, Truppen, Geld und Geschütz aus England zu ziehen, und aus Deutschland führten ihm der Markgraf von Baden und der Herzog von Zweibrücken beträchtliche Hilfsvölker zu, so daß er sich mit dem Antritt des Jahres 1569 an der Spitze einer furchtbaren Macht erblickte, die einen merkwürdigen Feldzug versprach.

Er hatte sich eben aus den Winterquartieren hervorgemacht, um den deutschen Truppen den Eintritt in das Königreich zu öffnen, als ihn die königliche Armee am 13. März d. J. unweit Jarnac an der Grenze von Limousin unter sehr nachtheiligen Umständen zum Treffen nöthigte. Abgeschnitten von dem Ueberrest seiner Armee, wurde er von der ganzen königlichen Macht angegriffen und sein kleiner Haufe, des tapfersten Widerstandes ungeachtet, von der überlegenen Zahl überwältigt. Er selbst, ob ihm gleich der Schlag eines Pferdes einige Augenblicke vor der Schlacht das Bein zerschmetterte, kämpfte mit der heldenmütigsten Tapferkeit, und von seinem Pferde herabgerissen, setzte er noch eine Zeit lang auf der Erde knieend das Gefecht fort, bis ihn endlich der Verlust seiner Kräfte zwang, sich zu ergeben. Aber in diesem Augenblick nähert sich ihm Montesquion, ein Capitän von der Garde des Herzogs von Anjou, von hinten und tödtet ihn meuchelmörderisch mit einer Pistole.

Und so hatte auch Condé mit allen damaligen Häuptern der Parteien das Schicksal gemein, daß ein gewaltsamer Tod ihn dahinraffte. Franz von Guise war durch Meuchelmörders Hände vor Orleans gefallen, Anton von Navarra bei der Belagerung von Rouen, der Marschall von St. André in der Schlacht bei Dreux und der Connetable bei St. Denis geblieben. Den Admiral erwartete ein schrecklicheres Loos in der Bartholomäusnacht, und Heinrich von Guise sank wie sein Vater unter dem Dolch der Verrätherei.

Der Tod ihres Anführers war ein empfindlicher Schlag für die protestantische Partei, aber bald zeigte sich's, daß die katholische zu früh triumphiert hatte. Condé hatte seiner Partei große Dienste geleistet, aber sein Verlust war nicht unersetzlich. Noch lebte das heldenreiche Geschlecht der Chatillons, und der standhafte, unternehmende, an Hilfsquellen unerschöpfliche Geist des Admirals von Coligny riß sie bald wieder aus ihrer Erniedrigung empor. Es war mehr ein *Name* als ein *Oberhaupt*, was die Hugenotten durch den Tod des Prinzen Ludwig von Condé verloren; aber auch schon ein Name war ihnen wichtig und unentbehrlich, um den Muth der Partei zu beleben und sich ein Ansehen in dem Königreich zu erwerben. Der nach Unabhängigkeit strebende Geist des Adels ertrug mit Widerwillen das Joch eines Führers, der nur seines Gleichen war, und schwer, ja unmöglich ward es einem Privatmann, diese stolze Soldateske im Zaum zu erhalten. Dazu gehörte ein Fürst, den seine Geburt schon über jede Concurrenz hinwegrückte, und der eine erbliche und unbestrittene Gewalt über die Gemüther ausübte. Und auch dieser fand sich nun in der Person des jungen Heinrichs von Bourbon, des Helden dieses Werks, den wir jetzt zum erstenmal auf die politische Schaubühne führen.

Heinrich der Vierte, der Sohn Antons von Navarra und Johannens von Albret, war im Jahr 1553 zu Pau in der Provinz Bearn geboren. Schon von den frühesten Jahren einer harten Lebensart unterworfen, stählte sich sein Körper zu seinen künftigen Kriegesthaten. Eine einfache Erziehung und ein zweckmäßiger Unterricht entwickelten schnell die Keime seines lebhaften Geistes. Sein junges Herz sog schon mit der Muttermilch den Haß gegen das Papstthum und gegen den spanischen Despotismus ein; der Zwang der Umstände machte ihn schon in den Jahren der Unschuld zum Anführer von Rebellen. Ein früher Gebrauch der Waffen bildete ihn zum künftigen Held, und frühes Unglück zum vortrefflichen König. Das Haus Valois, welches Jahrhunderte lang über Frankreich geherrscht hatte, neigte sich unter den schwächlichen Söhnen Heinrichs II. zum Untergang, und wenn diese drei Brüder dem Reich keinen Erben gaben, so rief die Verwandtschaft mit dem regierenden Hause, ob sie gleich nur im 21sten Grade statt hatte, das Haus von Navarra auf den Thron. Die Aussicht auf den glänzendsten Thron Europens umschimmerte schon Heinrichs IV. Wiege, aber sie war es auch, die ihn schon in der frühesten Jugend den Nachstellungen mächtiger Feinde bloßstellte. Philipp II., König von Spanien, der unversöhnlichste aller Feinde des protestantischen Glaubens, konnte nicht mit Gelassenheit zusehen, daß die verhaßte Sekte der Neuerer von dem herrlichsten aller christlichen Throne Besitz nahm und durch denselben ein entscheidendes Uebergewicht der Macht in Europa erlangte. Und er war um so weniger geneigt, die französische Krone dem ketzerischen Geschlecht von Navarra zu gönnen, da ihm selbst nach dieser kostbaren Erwerbung gelüstete. Der junge Heinrich stand seinen ehrgeizigen Hoffnungen im Wege, und seine Beichtväter überzeugten ihn, daß es verdienstlich sei, einen Ketzer zu berauben, um ein so großes Königreich im Gehorsam gegen den apostolischen Stuhl zu erhalten. Ein schwarzes Complot ward nun mit Zuziehung des berüchtigten Herzogs von Alba und des Cardinals von Lothringen geschmiedet, den jungen Heinrich mit seiner Mutter aus ihren Staaten zu entführen und in spanische Hände zu liefern. Ein schreckliches Schicksal erwartete diese Unglücklichen in den Händen dieses blutgierigen Feindes, und schon jauchzte die spanische Inquisition diesem wichtigen Schlachtopfer entgegen. Aber Johanna ward noch zu rechter Zeit, und zwar, wie man behauptet, durch Philipps eigne Gemahlin, Elisabeth, gewarnt und der Anschlag noch in der Entstehung vereitelt. Eine so schwere Gefahr umschwebte das Haupt des Knaben und weihte ihn schon frühe zu den harten Kämpfen und Leiden ein, die er in der Folge bestehen sollte.

Jetzt, als die Nachricht von dem Tode des Prinzen von Condé die Anführer der Protestanten in Bestürzung und Verlegenheit setzte, die ganze Partei sich ohne Oberhaupt, die Armee ohne Führer sah, erschien die heldenmütige Johanna mit dem sechzehnjährigen Heinrich und dem ältesten Sohn des ermordeten Condé, der um einige Jahre jünger war, zu Cognac in Angoumois, wo die Armee und die Anführer versammelt waren. Beide Knaben an den Händen führend, trat sie vor die Truppen und machte schnell ihrer Unentschlossenheit ein Ende: »Die gute Sache,« hub sie an, »hat an dem Prinzen von Condé einen trefflichen Beschützer verloren, aber sie ist nicht mit ihm untergegangen Gott wacht über seine Verehrer. Er gab dem Prinzen von Condé tapfere Streitgefährten an die Seite, da er noch lebend unter uns wandelte; er gibt ihm heldenmütige Officiere zu Nachfolgern, die seinen Verlust uns vergessen machen werden. Hier ist der junge Bearner, mein Sohn. Ich biete ihn euch an zum Fürsten; hier ist der Sohn des Mannes, dessen Verlust ihr betrauert. Euch übergebe ich Beide. Möchten sie ihrer Ahnherrn werth sein durch ihre künftigen Thaten! Möchte der Anblick dieser heiligen Pfänder euch Einigkeit lehren und begeistern zum Kampf für die Religion!«

Ein lautes Geschrei des Beifalls antwortete der königlichen Rednerin, worauf der junge Heinrich mit edlem Anstand das Wort nahm: »Freunde!« rief er aus, »ich gelobe euch an, für die Religion und die gemeine Sache zu streiten, bis uns Sieg oder Tod die Freiheit verschafft haben, um die es uns allen zu thun ist.« Sogleich wurde er zum Oberhaupt der Partei und zum Führer der Armee ausgerufen und empfing als solcher die Huldigung. Die Eifersucht der übrigen Anführer verstummte, und bereitwillig unterwarf man sich jetzt der Führung des Admirals von Coligny, der dem jungen Helden seine Erfahrung lieh und unter dem Namen seines Pupillen das Ganze beherrschte.

Die deutschen Protestanten, immer die vornehmste Stütze und die letzte Zuflucht ihrer Glaubensbrüder in Frankreich, waren es auch jetzt, die nach dem unglücklichen Tage bei Jarnac das Gleichgewicht der Waffen zwischen den Hugenotten und Katholischen wieder herstellen halfen. Der Herzog Wolfgang von Zweibrücken brach mit einem dreizehntausend Mann starken Heere in das Königreich ein, durchzog mitten unter Feinden, nicht ohne große Hindernisse, fast den ganzen Strich zwischen dem Rhein und dem Weltmeer und hatte die Armee der Reformierten beinahe erreicht, als der Tod ihn dahinraffte. Wenige Tage nachher vereinigte sich der Graf von Mansfeld, sein Nachfolger im Commando (im Junius 1569), in der Provinz Guienne mit dem Admiral von Coligny, der sich nach einer so beträchtlichen Verstärkung wieder im Stande sah, den Königlichen die Spitze zu bieten. Aber mißtrauisch gegen das Glück, dessen Unbeständigkeit er so oft erfahren hatte, und seines Unvermögens sich bewußt, bei so geringen Hilfsmitteln einen erschöpfenden Krieg auszuhalten, versuchte er noch vorher, auf einem friedlichen Weg zu erhalten, was er allzu mißlich fand mit den Waffen in der Hand zu erzwingen. Der Admiral liebte aufrichtig den Frieden, ganz gegen die Sinnesart der Anführer von Parteien, die die Ruhe als das Grab ihrer Macht betrachten und in der allgemeinen Verwirrung ihre Vortheile finden. Mit Widerwillen übte er die Bedrückungen aus, die sein Posten, die Noth und die Pflicht der Selbstverteidigung erheischten, und gern hätte er sich überhoben gesehen, mit dem Degen in der Faust eine Sache zu verfechten, die ihm gerecht genug schien, um durch Vernunftgründe vertheidigt zu werden. Er machte jetzt dem Hofe die dringendsten Vorstellungen, sich des allgemeinen Elendes zu erbarmen und den Reformierten, die nichts als die Bestätigung der ehmaligen, ihnen günstigen Edikte verlangten, ein so billiges Gesuch zu gewähren. Diesen Vorschlägen glaubte er um so eher eine günstige Aufnahme versprechen zu können, da sie nicht Werk der Verlegenheit waren, sondern durch eine ansehnliche Macht unterstützt wurden. Aber das Selbstvertrauen der Katholiken war mit ihrem Glücke gestiegen. Man forderte eine unbedingte Unterwerfung, und so blieb es denn bei der Entscheidung des Schwerts.

Um die Stadt Rochelle und die Besitzungen der Protestanten längs der dortigen Seeküste vor einem Angriffe sicher zu stellen, rückte der Admiral mit seiner ganzen Macht vor Poitiers, welche Stadt er ihres großen Umfanges wegen keines langen Widerstandes fähig glaubte. Aber auf die erste Nachricht der sie bedrohenden Gefahr hatten sich die Herzoge von Guise und von Mayenne, würdige Söhne des verstorbenen Franz von Guise, nebst einem zahlreichen Adel in diese Stadt geworfen, entschlossen, sie bis aufs äußerste zu vertheidigen. Fanatismus und Erbitterung machten diese Belagerung zu einer der blutigsten Handlungen im ganzen Laufe des Krieges, und die Hartnäckigkeit des Angriffs konnte gegen den beharrlichen Widerstand der Besatzung nichts ausrichten.

Trotz der Ueberschwemmungen, die die Außenwerke unter Wasser setzten, trotz des feindlichen Feuers und des siedenden Oels, das von den Wällen herab auf sie regnete, trotz des unüberwindlichen Widerstandes, den der schroffe Abhang der Werke und die heroische Tapferkeit der Besatzung ihnen entgegensetzte, wiederholten die Belagerer ihre Stürme, ohne jedoch mit allen diesen Anstrengungen einen einzigen Vortheil erkaufen oder die Standhaftigkeit der Belagerten ermüden zu können. Vielmehr zeigten diese durch wiederholte Ausfälle, wie wenig ihr Muth zu erschöpfen sei. Ein reicher Vorrath von Kriegs- und Mundbedürfnissen, den man Zeit gehabt hatte in der Stadt aufzuhäufen, setzte sie in Stand, auch der langwierigsten Belagerung zu trotzen, da im Gegentheil Mangel, üble Witterung und Seuchen im Lager der Reformierten bald große Verwüstungen anrichteten. Die Ruhr raffte einen großen Theil der deutschen Kriegsvölker dahin und warf endlich selbst den Admiral von Coligny darnieder, nachdem die meisten unter ihm stehenden Befehlshaber zum Dienst unbrauchbar gemacht waren. Da bald darauf auch der Herzog von Anjou im Feld erschien und Chatellerault, einen festen Ort in der Nachbarschaft, wohin man die Kranken geflüchtet hatte, mit einer Belagerung bedrohte, so ergriff der Admiral diesen Vorwand, seiner unglücklichen Unternehmung noch mit einigem Schein von Ehre zu entsagen. Es gelang ihm auch, den Versuch des Herzogs auf Chatellerault zu vereiteln; aber die immer mehr anwachsende Macht des Feindes nöthigte ihn bald, auf seinen Rückzug zu denken.

Alles vereinigte sich, die Standhaftigkeit dieses großen Mannes zu erschüttern. Er hatte wenige Wochen nach dem Unglück bei Jarnac seinen Bruder d'Andelot durch den Tod verloren, den treusten Theilnehmer seiner Unternehmungen und seinen rechten Arm im Felde. Jetzt erfuhr er, daß das Pariser Parlament – dieser Gerichtshof, der zuweilen ein wohlthätiger Damm gegen die Unterdrückung, oft aber auch ein verächtliches Werkzeug derselben war – ihm als einem Aufrührer und Beleidiger der Majestät das Todesurtheil gesprochen und einen Preis von fünfzigtausend Goldstücken auf seinen Kopf gesetzt habe. Abschriften dieses Urtheils wurden nicht nur in ganz Frankreich, sondern auch durch Uebersetzungen in ganz Europa zerstreut, um durch den Schimmer der versprochenen Belohnung Mörder aus andern Ländern anzulocken, wenn sich etwa in dem Königreich selbst zur Vollziehung dieses Bubenstücks keine entschlossene Faust finden sollte. Aber sie fand sich, selbst im Gefolge des Admirals, und sein eigner Kammerdiener war es, der einen Anschlag gegen sein Leben schmiedete. Diese nahe Gefahr wurde zwar durch eine zeitige Entdeckung noch von ihm abgewandt, aber der unsichtbare Dolch der Verrätherei verscheuchte von jetzt an seine Ruhe auf immer.

Diese Widerwärtigkeiten, die ihn selbst betrafen, wurden durch die Last seines Heerführeramtes und durch die öffentlichen Unfälle seiner Partei noch drückender gemacht. Durch Desertion, Krankheiten und das Schwert des Feindes war seine Armee sehr geschmolzen, während daß die königliche immer mehr anwuchs und immer hitziger ihn verfolgte. Die Ueberlegenheit der Feinde war viel zu groß, als daß er es auf den bedenklichen Ausschlag eines Treffens durfte ankommen lassen, und doch verlangten dieses die Soldaten, besonders die Deutschen, mit Ungestüm. Sie ließen ihm die Wahl, entweder zu schlagen oder ihnen den rückständigen Sold zu bezahlen; und da ihm das Letztere unmöglich war, so mußte er ihnen notgedrungen in dem Erstern willfahren.

Die Armee des Herzogs von Anjou überraschte ihn (am 3. October des Jahrs 1569) bei Montcontour in einer sehr ungünstigen Stellung und besiegte ihn in einer entscheidenden Schlacht. Alle Entschlossenheit des protestantischen Adels, alle Tapferkeit der Deutschen, alle Geistesgegenwart des Generals konnte die völlige Niederlage seines Heers nicht verhindern. Beinahe die ganze deutsche Infanterie ward niedergehauen, der Admiral selbst verwundet, der Rest der Armee zerstreut, der größte Theil des Gepäckes verloren. Keinen unglücklichern Tag hatten die Hugenotten während dieses ganzen Krieges erlebt. Die Prinzen von Bourbon rettete man noch während der Schlacht nach St. Jean d'Angely, wo sich auch der geschlagene Coligny mit dem kleinen Ueberrest der Truppe einfand. Von einem fünfundzwanzigtausend Mann starken Heere konnte er kaum sechstausend Mann wieder sammeln; dennoch hatte der Feind wenig Gefangene gemacht. Die Wuth des Bürgerkrieges machte alle Gefühle der Menschlichkeit schweigen, und die Rachbegier der Katholischen konnte nur durch das Blut ihrer Gegner gesättigt werden. Mit kalter Grausamkeit stieß man Den, der die Waffen streckte und um Quartier bat, nieder; die Erinnerung an eine ähnliche Barbarei, welche die Hugenotten gegen die Papisten bewiesen hatten, machte die Letztern unversöhnlich.

Die Muthlosigkeit war jetzt allgemein, und man hielt alles für verloren. Viele sprachen schon von einer gänzlichen Flucht aus dem Königreich und wollten sich in Holland, in England, in den nordischen Reichen ein neues Vaterland suchen. Ein großer Theil des Adels verließ den Admiral, dem es an Geld, an Mannschaft, an Ansehen, an allem, nur nicht an Heldenmuth fehlte. Sein schönes Schloß und die anliegende Stadt Chatillon waren ungefähr um eben diese Zeit von den Königlichen überfallen und mit allem, was darin niedergelegt war, ein Raub des Feuers geworden. Dennoch war er der Einzige von allen, der in dieser drangvollen Lage die Hoffnung nicht sinken ließ. Seinem durchdringenden Blicke entgingen die Rettungsmittel nicht, die der reformierten Partei noch immer geöffnet waren, und er wußte sie mit großem Erfolg bei seinen Anhängern geltend zu machen. Ein Hugenottischer Anführer, Montgomery, hatte in der Provinz Bearn glücklich gefochten und war bereit, ihm sein siegreiches Heer zuzuführen. Deutschland war noch immer ein reiches Magazin von Soldaten, und auch von England durfte man Beistand erwarten. Dazu kam, daß die Königlichen, anstatt ihren Sieg mit rascher Thätigkeit zu benutzen und den geschlagenen Feind bis zu seinen letzten Schlupfwinkeln zu verfolgen, mit unnützen Belagerungen eine kostbare Zeit verloren und dem Admiral die gewünschte Frist zur Erholung vergönnten.

Das schlechte Einverständnis unter den Katholiken selbst trug nicht wenig zu seiner Rettung bei. Nicht alle Provinzstatthalter thaten ihre Schuldigkeit; vorzüglich wurde Damville, Gouverneur von Languedoc, ein Sohn des berühmten Connetable von Montmorency, beschuldigt, die Flucht des Admirals durch sein Gouvernement begünstigt zu haben. Dieser stolze Vasall der Krone, sonst ein erbitterter Feind der Hugenotten, glaubte sich von dem Hofe vernachlässigt, und sein Ehrgeiz war empfindlich gereizt, daß Andre in diesem Krieg sich Lorbeern sammelten und Andre den Commandostab führten, den er doch als ein Erbstück seines Hauses betrachtete. Selbst in der Brust des jungen Königs und der ihn zunächst umgebenden Großen hatten die glänzenden Successe des Herzogs von Anjou, die doch gar nicht auf Rechnung des Prinzen gesetzt werden konnten, Neid und Eifersucht angefacht. Der ruhmbegierige Monarch erinnerte sich mit Verdruß, daß er selbst noch nichts für seinen Ruhm gethan habe; die Vorliebe der Königin Mutter für den Herzog von Anjou und das Lob dieses begünstigten Lieblings auf den Lippen der Hofleute beleidigte seinen Stolz. Da er den Herzog von Anjou mit guter Art von der Armee nicht entfernen konnte, so stellte er sich selbst an die Spitze derselben, um sich gemeinschaftlich mit demselben den Ruhm der Siege zuzueignen, an welchen Beide gleich wenig Ansprüche hatten. Die schlechten Maßregeln, welche dieser Geist der Eifersucht und Intrigue die katholischen Anführer ergreifen ließ, vereitelten alle Früchte der erfochtenen Siege. Vergebens bestand der Marschall von Tavannes, dessen Kriegserfahrung man das bisherige Glück allein zu verdanken hatte, auf Verfolgung des Feindes. Sein Rath war, dem flüchtigen Admiral mit dem größern Theil der Armee so lange nachzusetzen, bis man ihn entweder aus Frankreich herausgejagt oder genöthigt hätte, irgend in einen festen Ort sich zu werfen, der alsdann unvermeidlich das Grab der ganzen Partei werden müßte. Da diese Vorstellungen keinen Eingang fanden, so legte Tavannes sein Commando nieder und zog sich in sein Gouvernement Burgund zurück.

Jetzt säumte man nicht, die Städte anzugreifen, die den Hugenotten ergeben waren. Der erste Anfang war glücklich, und schon schmeichelte man sich, alle Vormauern von Rochelle mit gleich wenig Mühe zu zertrümmern und alsdann diesen Mittelpunkt der ganzen Bourbonischen Macht desto leichter zu überwältigen. Aber der tapfre Widerstand, den St. Jean d'Angely leistete, stimmte diese stolzen Erwartungen sehr herunter. Zwei Monate lang hielt sich diese Stadt, von ihrem unerschrockenen Commandanten *de Piles* vertheidigt; und als endlich die höchste Noth sie zwang, sich zu ergeben, war der Winter herbeigerückt und der Feldzug geendigt. Der Besitz einiger Städte war also die ganze Frucht eines Sieges, dessen weise Benutzung den Bürgerkrieg vielleicht auf immer hätte endigen können.

Unterdessen hatte Coligny nichts versäumt, die schlechte Politik des Feindes zu seinem Vortheil zu kehren. Sein Fußvolk war im Treffen bei Montcontour beinahe gänzlich aufgerieben worden, und dreitausend Pferde machten seine ganze Kriegsmacht aus, die es kaum mit dem nachsetzenden Landvolk aufnehmen konnte. Aber dieser kleine Haufe verstärkte sich in Langedoc und Dauphiné mit neugeworbenen Völkern und mit dem siegreichen Heer des Montgomery, das er an sich zog. Die vielen Anhänger, welche die Reformation in diesem Theil Frankreichs zählte, begünstigten sowohl die Rekrutirung als den Unterhalt der Truppen, und die Leutseligkeit der Bourbonischen Prinzen, die alle Beschwerden dieses Feldzuges theilten und frühzeitige Proben des Heldenmuths ablegten, lockte manchen Freiwilligen unter ihre Fahnen. Wie sparsam auch die Geldbeiträge einflossen, so wurde dieser Mangel einigermaßen durch die Stadt Rochelle ersetzt. Aus dem Hafen derselben liefen zahlreiche Kaperschiffe aus, die viele glückliche Prisen machten und dem Admiral den Zehenten von jeder Beute entrichten mußten. Mit Hilfe aller dieser Vorkehrungen erholten sich die Hugenotten während des Winters so vollkommen von ihrer Niederlage, daß sie im Frühjahr des 1570sten Jahrs gleich einem reißenden Strom aus Languedoc hervorbrachen und furchtbarer als jemals im Felde erscheinen konnten.

Sie hatten keine Schonung erfahren und übten auch keine aus. Gereizt durch so viele erlittne Mißhandlungen und durch eine lange Reihe von Unglücksfällen verwildert, ließen sie das Blut ihrer Feinde in Strömen fließen, drückten mit schweren Brandschatzungen alle Distrikte, durch die sie zogen, oder verwüsteten sie mit Feuer und Schwert. Ihr Marsch war gegen die Hauptstadt des Reichs gerichtet, wo sie mit dem Schwert in der Hand einen billigen Frieden zu ertrotzen hofften. Eine königliche Armee, die sich ihnen in dem Herzogthum Burgund unter dem Marschall von Cossé, dreizehntausend Mann stark, entgegenstellte, konnte ihren Lauf nicht aufhalten. Es kam zu einem Gefecht, worin die Protestanten über einen weit überlegeneren Feind verschiedene Vortheile davon trugen. Längs der Loire verbreitet, bedrohten sie Orleanois und Isle de France mit ihrer nahen Erscheinung, und die Schnelligkeit ihres Zuges ängstigte schon Paris.

Diese Entschlossenheit that Wirkung, und der Hof fing endlich an, vom Frieden zu sprechen. Man scheute den Kampf mit einer, wenn gleich nicht zahlreichen, doch von Verzweiflung beseelten Schaar, die nichts mehr zu verlieren hatte und bereit war, ihr Leben um einen theuren Preis zu verkaufen. Der königliche Schatz war erschöpft, die Armee durch den Abzug der italienischen, deutschen und spanischen Hilfsvölker sehr vermindert, und in den Provinzen hatte sich das Glück fast überall zum Vortheil der Rebellen erklärt. Wie hart es auch die Katholischen ankam, dem Trotz der Sektierer nachgeben zu müssen, wie ungern sich sogar viele der Letztern dazu verstanden, die Waffen aus den Händen zu legen und ihren Hoffnungen auf Beute, ihrer gesetzlosen Freiheit zu entsagen, so machte doch die überhandnehmende Noth jeden Widerspruch schweigen, und die Neigung der Anführer entschied so ernstlich für den Frieden, daß er endlich im August dieses Jahrs unter folgenden Bedingungen wirklich erfolgte.

Den Reformierten wurde von Seiten des Hofes eine allgemeine Vergessenheit des Vergangenen, eine freie Ausübung ihrer Religion in jedem Theile des Reichs, nur den Hof ausgenommen, die Zurückgabe aller der Religion wegen eingezogenen Güter und ein gleiches Recht zu allen öffentlichen Bedienungen zugestanden. Außerdem überließ man ihnen noch auf zwei Jahre lang vier Sicherheitsplätze, die sie mit ihren eignen Truppen zu besetzen und Befehlshabern ihres Glaubens zu untergeben berechtigt sein sollten. Die Prinzen von Bourbon nebst Zwanzig aus dem vornehmsten Adel mußten sich durch einen Eid verbindlich machen, diese vier Plätze (man hatte Rochelle, Montauban, Cognac und la Charité gewählt) nach Ablauf der gesetzten Zeit wieder zu räumen. So war es abermals der Hof, welcher nachgab und, weit entfernt, durch Bewilligungen, die ihm nicht von Herzen gehen konnten, bei den Religionsverbesserern Dank zu verdienen, bloß ein erniedrigendes Geständniß seiner Ohnmacht ablegte.

Alles trat jetzt wieder in seine Ordnung zurück, und die Reformierten überließen sich mit der vorigen Sorglosigkeit dem Genuß ihrer schwer errungenen Glaubensfreiheit. Je mehr sie überzeugt sein mußten, daß sie die eben erhaltenen Vortheile nicht dem guten Willen, sondern der Schwäche ihrer Feinde und ihrer eigenen Furchtbarkeit verdankten, desto nothwendiger war es, sich in diesem Verhältniß der Macht zu erhalten und die Schritte des Hofs zu bewachen. Die Nachgiebigkeit des letztern war auch wirklich viel zu groß, als daß man Vertrauen dazu fassen konnte, und ohne gerade aus dem Erfolg zu argumentieren, kann man mit ziemlicher Wahrscheinlichkeit behaupten, daß der erste Entwurf zu der Gräuelthat, welche zwei Jahre darauf in Ausübung gebracht wurde, in diese Zeit zu setzen ist.

So viele Fehlschläge, so viele überraschende Wendungen des Kriegsglücks, so viele unerwartete Hilfsquellen der Hugenotten hatten endlich den Hof überzeugen müssen, daß es ein vergebliches Unternehmen sei, diese immer frisch auflebende und immer mehr sich verstärkende Partei durch offenbare Gewalt zu besiegen und auf dem bisher betretnen Wege einen entscheidenden Vortheil über sie zu erlangen. Durch ganz Frankreich ausgebreitet, war sie sicher, nie eine totale Niederlage zu erleiden, und die Erfahrung hatte gelehrt, daß alle Wunden, die man ihr theilweise schlug, ihrem *Leben* selbst nie gefährlich werden konnten. An einer Grenze des Königreichs unterdrückt, erhob sie sich nur desto furchtbarer an der andern, und jeder neu erlittene Verlust schien bloß ihren Muth anzufeuern und ihren Anhang zu vermehren. Was ihr an innern Kräften gebrach, das ersetzte die Standhaftigkeit, Klugheit und Tapferkeit ihrer Anführer, die durch keine Unfälle zu ermüden, durch keine List einzuwiegen, durch keine Gefahr zu erschüttern waren. Schon der einzige Coligny galt für eine ganze Armee. »Wenn der Admiral *heute* sterben sollte,« erklärten die Abgeordneten des Hofs, als sie des Friedens wegen mit den Hugenotten in Unterhandlung traten, »so werden wir euch *morgen* nicht ein Glas Wasser anbieten. Glaubet sicher, daß sein einziger Name euch mehr Ansehen gibt, als eure ganze Armee, doppelt genommen.« – So lange die Sache der Reformierten in solchen Händen war, mußten alle Versuche zu ihrer Unterdrückung fehlschlagen. Er allein hielt die zerstreute Partei in ein Ganzes zusammen, lehrte sie ihre innern Kräfte kennen und benutzen, verschaffte ihr Ansehen und Unterstützung von außen, richtete sie von jedem Falle wieder auf und hielt sie mit festem Arm am Rand des Verderbens.

Ueberzeugt, daß auf dem Untergang dieses Mannes das Schicksal der ganzen Partei beruhe, hatte man schon im vorhergehenden Jahre das Pariser Parlament jene schimpfliche Achtserklärung gegen ihn aussprechen lassen, die den Dolch der Meuchelmörder gegen sein Leben bewaffnen sollte. Da aber dieser Zweck nicht erreicht wurde, vielmehr der jetzt geschlossene Friede jenen Parlamentsspruch wieder vernichtete, so mußte man dasselbe Ziel auf einem andern Wege verfolgen. Ermüdet von den Hindernissen, die der Freiheitssinn der Hugenotten der Befestigung des königlichen Ansehens schon so lange entgegengesetzt hatte, zugleich aufgefordert von dem römischen Hof, der keine Rettung für die Kirche sah als in dem gänzlichen Untergang dieser Sekte, von einem finstern und grausamen Fanatismus erhitzt, der alle Gefühle der Menschlichkeit schweigen machte, beschloß man endlich, sich dieser gefährlichen Partei durch einen einzigen entscheidenden Schlag zu entledigen. Gelang es nämlich, sie auf einmal aller ihrer Anführer zu berauben und durch ein allgemeines Blutbad ihre Anzahl schnell und beträchtlich zu vermindern, so hatte man sie – wie man sich schmeichelte – auf immer in ihr Nichts zurückgestürzt, von einem gesunden Körper ein brandiges Glied abgesondert, die Flamme des Kriegs auf ewige Zeiten erstickt und Staat und Kirche durch ein einziges hartes Opfer gerettet. Durch solche betrügliche Gründe fanden sich Religionshaß, Herrschsucht und Rachbegierde mit der Stimme des Gewissens und der Menschlichkeit ab und ließen die Religion eine That verantworten, für welche selbst die rohe Natur keine Entschuldigung hat.

Aber um diesen entscheidenden Streich zu führen, mußte man sich der Opfer, die er treffen sollte, vorher versichert haben, und hier zeigte sich eine kaum zu überwindende Schwierigkeit. Eine lange Kette von Treulosigkeiten hatte das wechselseitige Vertrauen erstickt, und von katholischer Seite hatte man zu viele und zu unzweideutige Proben der Maxime gegeben, daß »gegen Ketzer kein Eid bindend, keine Zusage heilig sei.« Die Anführer der Hugenotten erwarteten keine andre Sicherheit, als welche ihnen ihre Entfernung und die Festigkeit ihrer Schlösser verschaffte. Selbst nach geschlossenem Frieden vermehrten sie die Besatzungen in ihren Städten und zeigten durch schleunige Ausbesserung ihrer Festungswerke, wie wenig sie dem königlichen Worte vertrauten. Welche Möglichkeit, sie aus diesen Verschanzungen hervorzulocken und dem Schlachtmesser entgegenzuführen? Welche Wahrscheinlichkeit, sich Aller zugleich zu bemächtigen, gesetzt, daß auch Einzelne sich überlisten ließen? Längst schon gebrauchten sie die Vorsicht, sich zu trennen, und wenn auch Einer unter ihnen sich der Redlichkeit des Hofs anvertraute, so blieb der Andre desto gewisser zurück, um seinem Freund einen Rächer zu erhalten. Und doch hatte man *gar nichts* gethan, wenn man nicht *alles* thun konnte; der Streich mußte schlechterdings tödtlich, allgemein und entscheidend sein, oder ganz und gar unterlassen werden.

Es kam also darauf an, den Eindruck der vorigen Treulosigkeiten gänzlich auszulöschen und das verlorene Vertrauen der Reformierten, welchen Preis es auch kosten möchte, wieder zu gewinnen. Dieses ins Werk zu richten, änderte der Hof sein ganzes bisheriges System. Anstatt der Parteilichkeit in den Gerichten, über welche die Reformierten auch mitten im Frieden so viel Ursache gehabt hatten sich zu beklagen, wurde von jetzt an die gleichförmigste Gerechtigkeit beobachtet, alle Beeinträchtigungen, die man sich von katholischer Seite bisher ungestraft gegen sie erlaubte, eingestellt, alle Friedensstörungen auf das strengste geahndet, alle billigen Forderungen derselben ohne Anstand erfüllt. In kurzem schien aller Unterschied des Glaubens vergessen und die ganze Monarchie gleich einer ruhigen Familie, deren sämmtliche Glieder Karl IX. als gemeinschaftlicher Vater mit gleicher Gerechtigkeit regierte und mit gleicher Liebe umfaßte. Mitten unter den Stürmen, welche die benachbarten Reiche erschütterten, welche Deutschland beunruhigten, die spanische Macht in den Niederlanden umzustürzen drohten, Schottland verheerten und in England den Thron der Königin Elisabeth wankend machten, genoß Frankreich einer ungewohnten tiefen Ruhe, die von einer gänzlichen Revolution in den Gesinnungen und einer allgemeinen Umänderung der Maximen zu zeugen schien, da keine Entscheidung der Waffen vorhergegangen war, auf die sie gegründet werden konnte.

Margaretha von Valois, die jüngste Tochter Heinrichs II., war noch unverheiratet, und der Ehrgeiz des jungen Herzogs von Guise vermaß sich, seine Hoffnungen zu dieser Schwester seines Monarchen zu erheben. Um die Hand dieser Prinzessin hatte schon der König von Portugal geworben, aber ohne Erfolg, da der noch immer mächtige Cardinal von Lothringen sie keinem Andern als seinem Neffen gönnte. »Der älteste Prinz meines Hauses,« erklärte sich der stolze Prälat gegen den Gesandten Sebastians, »hat die ältere Schwester davon getragen; dem jüngern gebührt die jüngere.« Da aber Karl IX., dieser auf seine Hoheit eifersüchtige Monarch, die dreiste Anmaßung seines Vasallen mit Unwillen aufnahm, so eilte der Herzog von Guise, durch eine geschwinde Heirath mit der Prinzessin von Cleve seinen Zorn zu besänftigen. Aber einen Feind und Nebenbuhler im Besitze Derjenigen zu sehen, zu der ihm nicht erlaubt worden war die Augen zu erheben, mußte den Stolz des

Herzogs desto empfindlicher kränken, da er sich schmeicheln konnte, das Herz der Prinzessin zu besitzen.

Der junge Heinrich, Prinz von Bearn, war es, auf den die Wahl des Königs fiel; sei es, daß Letzterer wirklich die Absicht hatte, durch diese Heirath eine enge Verbindung zwischen dem Hause Valois und Bourbon zu stiften und dadurch den Samen der Zwietracht auf ewige Zeiten zu ersticken, oder daß er dem Argwohn der Hugenotten nur dieses Blendwerk vormachte, um sie desto gewisser in die Schlinge zu locken. Genug, man erwähnte dieser Heirath schon bei den Friedenstraktaten, und so groß auch das Mißtrauen der Königin von Navarra sein mochte, so war der Antrag doch viel zu schmeichelhaft, als daß sie ihn ohne Beleidigung hätte zurückweisen können. Da aber dieser ehrenvolle Antrag nicht mit der Lebhaftigkeit erwiedert ward, die man wünschte und die seiner Wichtigkeit angemessen schien, so zögerte man nicht lang, ihn zu erneuern und die furchtsamen Bedenklichkeiten der Königin Johanna durch wiederholte Beweise der aufrichtigsten Versöhnung zu zerstreuen.

Um dieselbe Zeit hatte sich Graf Ludwig von Nassau, Bruder des Prinzen Wilhelm von Oranien, in Frankreich eingefunden, um die Hugenotten zum Beistand ihrer niederländischen Brüder gegen Philipp von Spanien in Bewegung zu setzen. Er fand den Admiral von Coligny in der günstigsten Stimmung, diese Anforderung anzunehmen. Neigung sowohl als Staatsgründe vermochten diesen ehrwürdigen Helden, die Religion und Freiheit, die er in seinem Vaterland mit so viel Heldenmuth verfochten, auch im Ausland nicht sinken zu lassen. Leidenschaftlich hing er an seinen Grundsätzen und an seinem Glauben, und sein großes Herz hatte der Unterdrückung, wo und gegen wen sie auch stattfinden möchte, einen ewigen Krieg geschworen. Dieser Gesinnung gemäß betrachtete er jede Angelegenheit, sobald sie Sache des Glaubens und der Freiheit war, als die seinige, und jedes Schlachtopfer des geistlichen oder weltlichen Despotismus konnte auf seinen Weltbürgersinn und seinen thätigen Eifer zählen. Es ist ein charakteristischer Zug der vernünftigen Freiheitsliebe, daß sie Geist und Herz weiter macht und im Denken wie im Handeln ihre Sphäre ausbreitet. Gegründet auf ein lebhaftes Gefühl der menschlichen Würde, kann sie Rechte, die sie an sich selbst respektiert, an Andern nicht gleichgültig zu Boden treten sehen.

Aber dieses leidenschaftliche Interesse des Admirals für die Freiheit der Niederländer und der Entschluß, sich an der Spitze der Hugenotten zum Beistand dieser Republikaner zu bewaffnen, wurde zugleich durch die wichtigsten Staatsgründe gerechtfertigt. Er kannte und fürchtete den leicht zu entzündenden und gesetzlosen Geist seiner Partei, der, wund durch so viele erlittne Beleidigungen, schnell aufgeschreckt von jedem vermeintlichen Angriff und mit tumultuarischen Scenen vertraut, der Ordnung schon zu lange entwöhnt war, um ohne Rückfälle darin verharren zu können. Dem nach Unabhängigkeit strebenden und kriegerischen Adel konnte die Unthätigkeit auf seinen Schlössern und der Zwang nicht willkommen sein, den der Friede ihm auflegte. Auch war nicht zu erwarten, daß der Feuereifer der calvinistischen Prediger sich in den engen Schranken der Mäßigung halten würde, welche die Zeitumstände erforderten. Um also den Uebeln zuvorzukommen, die ein mißverstandener Religionseifer und das immer noch unter der Asche glimmende Mißtrauen der Parteien früher oder später herbeizuführen drohte, mußte man darauf denken, diese müßige Tapferkeit zu beschäftigen und einen Muth, welchen ganz zu unterdrücken man weder hoffen noch wünschen durfte, so lange in ein anderes Reich abzuleiten, bis man in dem Vaterland seiner bedürfen würde. Dazu nun kam der niederländische Krieg wie gerufen; und selbst das Interesse und die Ehre der französischen Krone schien einen nähern Antheil an demselben nothwendig zu machen. Frankreich hatte den verderblichen Einfluß der spanischen Intriguen bereits auf das empfindlichste gefühlt, und es hatte noch weit mehr in der Zukunft davon zu befürchten, wenn man diesen gefährlichen Nachbar nicht innerhalb seiner eigenen Grenzen beschäftigte. Die Aufmunterung und Unterstützung, die er den mißvergnügten Unterthanen des Königs von Frankreich hatte angedeihen lassen, schien zu Repressalien zu berechtigen, wozu sich jetzt die günstigste Veranlassung darbot. Die Niederländer erwarteten Hilfe von Frankreich, die man ihnen nicht verweigern konnte, ohne sie in eine Abhängigkeit von England zu setzen, die für das Interesse des französischen Reichs nicht anders als nachtheilig ausschlagen konnte. Warum sollte man einem gefährlichen Nebenbuhler einen Einfluß gönnen, den man sich selbst verschaffen konnte, und der noch dazu gar nichts kostete? Denn es waren die Hugenotten, die ihren Arm dazu anboten und bereit waren, ihre der Ruhe der Monarchie so gefährlichen Kräfte in einem ausländischen Krieg zu verzehren.

Karl IX. schien das Gewicht dieser Gründe zu empfinden und bezeugte großes Verlangen, sich mit dem Admiral ausführlich und mündlich darüber zu beratschlagen. Diesem Beweise des königlichen Vertrauens konnte Coligny um so weniger widerstehen, da es eine Sache zum Gegenstand hatte, die ihm nächst seinem Vaterlande am meisten am Herzen lag. Man hatte die einzige Schwachheit ausgekundschaftet, an der er zu fassen war; der Wunsch, seine Lieblingsangelegenheit bald befördert zusehen, half ihm jede Bedenklichkeit überwinden. Seine eigne, über jeden Verdacht erhabene Denkart, ja seine Klugheit selbst lockte ihn in die Schlinge. Wenn Andre seiner Partei das veränderte Betragen des Hofs einem verdeckten Anschlage zuschrieben, so fand er in den Vorschriften einer weiseren Politik, die sich nach so vielen unglücklichen Erfahrungen endlich der Regierung *aufdringen* mußten, einen viel natürlichern Schlüssel zur Erklärung desselben. Es gibt Unthaten, die der Rechtschaffene kaum eher für möglich halten darf, als bis er die Erfahrung davon gemacht hat; und einem Mann von Colignys Charakter war es zu verzeihen, wenn er seinem Monarchen lieber eine Mäßigung zutraute, von der dieser Prinz bisher noch keine Beweise gegeben hatte, als ihn einer Niederträchtigkeit fähig glaubte, welche die Menschheit überhaupt und noch weit mehr die Würde des Fürsten schändet. So viele zuvorkommende Schritte von Seiten des Hofes forderten überdies auch von dem protestantischen Theil eine Probe des Zutrauens; und wie leicht konnte man einen empfindlichen Feind durch längeres Mißtrauen reizen, die schlechte Meinung wirklich zu verdienen, welche zu widerlegen man ihm unmöglich machte?

Der Admiral beschloß demnach, am Hofe zu erscheinen, der damals nach Touraine vorgerückt war, um die Zusammenkunft mit der Königin von Navarra zu erleichtern. Mit widerstrebendem Herzen that Johanna diesen Schritt, dem sie nicht länger ausweichen konnte, und überlieferte dem König ihren Sohn Heinrich und den Prinzen von Condé. Coligny wollte sich dem Monarchen zu Füßen werfen, aber dieser empfing ihn in seinen Armen. »Endlich habe ich

Sie,« rief der König. »Ich habe Sie, und es soll Ihnen nicht so leicht werden, wieder von mir zu gehen. Ja, meine Freunde,« setzte er mit triumphierendem Blick hinzu, »das ist der glücklichste Tag in meinem Leben.« Dieselbe gütige Aufnahme widerfuhr dem Admiral von der Königin, von den Prinzen, von allen anwesenden Großen; der Ausdruck der höchsten Freude und Bewunderung war auf allen Gesichtern zu lesen. Man feierte diese glückliche Begebenheit mehrere Tage lang mit den glänzendsten Festen, und keine Spur des vorigen Mißtrauens durfte die allgemeine Fröhlichkeit trüben. Man besprach sich über die Vermählung des Prinzen von Bearn mit Margarethen von Valois; alle Schwierigkeiten, die der Glaubensunterschied und das Ceremoniell der Vollziehung derselben in den Weg legten, mußten der Ungeduld des Königs weichen. Die Angelegenheiten Flanderns veranlaßten mehrere lange Conferenzen zwischen dem Letzten und Coligny, und mit jeder schien die gute Meinung des Königs von seinem ausgesöhnten Diener zu steigen. Einige Zeit darauf erlaubte er ihm sogar, eine kleine Reise auf sein Schloß Chatillon zu machen; und als sich der Admiral auf den ersten Rappell sogleich wieder stellte, ließ er ihn diese Reise noch in demselben Jahr wiederholen. So stellte sich das wechselseitige Vertrauen unvermerkt wieder her, und Coligny fing an, in eine tiefe Sicherheit zu versinken.

Der Eifer, mit welchem Karl die Vermählung des Prinzen von Navarra betrieb, und die außerordentlichen Gunstbezeugungen, die er an den Admiral und seine Anhänger verschwendete, erregten nicht weniger Unzufriedenheit bei den Katholischen, als Mißtrauen und Argwohn bei den Protestanten. Man mag entweder mit einigen protestantischen und italienischen Schriftstellern annehmen, daß jenes Betragen des Königs bloße Maske gewesen, oder mit de Thon und den Verfassern der Memoires glauben, daß *er* für *seine* Person es *damals* aufrichtig meinte, so blieb seine Stellung zwischen den Reformierten und Katholischen in jedem Fall gleich bedenklich, weil er, um das Geheimniß zu bewahren, diese so gut wie jene betrügen mußte. Und wer bürgte selbst Denjenigen, die um das Geheimniß wußten, dafür, daß die persönlichen Vorzüge des Admirals nicht zuletzt Eindruck auf einen Fürsten machten, dem es gar nicht an Fähigkeit gebrach, das Verdienst zu beurtheilen? Daß ihm dieser bewährte Staatsmann nicht zuletzt unentbehrlich wurde, daß nicht endlich seine Rathschläge, seine Grundsätze, seine Warnungen bei ihm Eingang fanden? Kein Wunder, wenn die katholischen Eiferer daran Aergerniß nahmen, wenn sich der Papst in dieses neue Betragen des Königs gar nicht zu finden wußte, wenn selbst die Königin Katharina unruhig wurde und die Guisen anfingen, für ihren Einfluß zu zittern. Ein desto engeres Bündniß zwischen diesen letztern und der Königin war die Folge dieser Befürchtungen, und man beschloß, diese gefährlichen Verbindungen zu zerreißen, wie viel es auch kosten möchte.

Der Widerspruch der Geschichtschreiber und das Geheimnißvolle dieser ganzen Begebenheit verschafft uns über die damaligen Gesinnungen des Königs und über die eigentliche Beschaffenheit des Complots, welches nachher so fürchterlich ausbrach, kein befriedigendes Licht. Könnte man dem Capi-Lupi, einem römischen Scribenten und Lobredner der Bartholomäusnacht, Glauben zustellen, so würde Karln dem Neunten durch den schwärzesten Verdacht nicht zu viel geschehen; aber obgleich die historische Kritik das *Böse* glauben darf, was ein *Freund* berichtet, so kann dieses doch alsdann nicht der Fall sein, wenn der Freund (wie hier wirklich geschehen ist) seinen Helden dadurch zu verherrlichen glaubt und als *Schmeichler verleumdet.* »Ein päpstlicher Legat,« berichtet uns dieser Schriftsteller in der Vorrede zu seinem Werk,[1] »kam nach Frankreich, mit dem Auftrag, den Allerchristlichsten König von seinen Verbindungen mit den Sektierern abzumahnen. Nachdem er dem Monarchen die nachdrücklichsten Vorstellungen gethan und ihn aufs Aeußerste gebracht hatte, rief dieser mit bedeutender Miene: »»Daß ich doch Eurer Eminenz alles sagen dürfte! Bald würden Sie und auch der heilige Vater mir bekennen müssen, daß diese Verheirathung meiner Schwester das ausgesuchteste Mittel sei, die wahre Religion in Frankreich aufrecht zu erhalten und ihre Widersacher zu vertilgen. Aber (fuhr er in großer Bewegung fort, indem er dem Cardinal die Hand drückte und zugleich einen Demant an seinem Finger befestigte) vertrauen Sie auf mein königliches Wort. Noch eine kleine Geduld, und der heilige Vater selbst soll meine Anschläge und meinen Glaubenseifer rühmen.«« Der Cardinal ver-

---

[1] Le Stratagème ou la Ruse de Charles IX., Roi de France, contre les Huguenots rebelles à Dieu et à lui, écrit par le Seigneur Camille Capi-Lupi etc. 1574.

schmähte den Demant und versicherte, daß er sich mit der Zusage des Königs begnüge.« – Aber, gesetzt auch, daß kein blinder Schwärmereifer diesem Geschichtschreiber die Feder geführt hätte, so kann er seine Nachricht aus sehr unreinen Quellen geschöpft haben. Die Vermuthung ist nicht ohne Wahrscheinlichkeit, daß der Cardinal von Lothringen, der sich eben damals zu Rom aufhielt, dergleichen Erfindungen, wo nicht selbst ausgestreut, doch begünstigt haben könnte, um den Fluch des Pariser Blutbads, den er nicht von sich abwälzen konnte, mit dem König wenigstens zu theilen.[2]

Das wirkliche Betragen Karls IX. bei dem Ausbruch des Blutbades selbst zeugt unstreitig stärker gegen ihn als diese unerwiesenen Gerüchte; aber wenn er sich auch von der Heftigkeit seines Temperaments hinreißen ließ, dem völlig reifen Complot seinen Beifall zu geben und die Ausführung desselben zu begünstigen, so kann dieses für seine frühere Mitschuldigkeit nichts beweisen. Das Ungeheure und Gräßliche des Verbrechens vermindert seine Wahrscheinlichkeit, und die Achtung für die menschliche Natur muß ihm zur Vertheidigung dienen. Eine so zusammengesetzte und lange Kette von Betrug, eine so undurchdringliche, so *gehaltene* Verstellung, ein so tiefes Stillschweigen aller Menschengefühle, ein so freches Spiel mit den heiligsten Pfändern des Vertrauens scheint einen vollendeten Bösewicht zu erfordern, der durch eine lange Uebung verhärtet und seiner Leidenschaften vollkommen Herr geworden ist. Karl IX. war ein Jüngling, den sein brausendes Temperament übermeisterte, und dessen Leidenschaften ein früher Besitz der höchsten Gewalt von jedem Zügel der Mäßigung befreite. Ein solcher Charakter verträgt sich mit keiner so künstlichen Rolle, und ein so hoher Grad der Verderbniß mit keiner Jünglingsseele – selbst dann nicht, wenn der Jüngling ein König und Katharinens Sohn ist.

Wie aufrichtig oder nicht aber das Betragen des Königs auch gemeint sein mochte, so konnten die Häupter der katholischen Partei keine gleichgültigen Zuschauer davon bleiben. Sie verließen wirklich mit Geräusche den Hof, sobald die Hugenotten festen Fuß an demselben zu fassen schienen, und Karl der Neunte ließ sie unbekümmert ziehen. Die Letztern häuften sich nun mit jedem Tage

---

[2] Esprit de la Ligue. Tom II. p. 13.

mehr in der Hauptstadt an, je näher die Vermählungsfeier des Prinzen von Bearn heranrückte. Diese erlitt indessen einen unerwarteten Aufschub durch den Tod der Königin Johanna, die wenige Wochen nach ihrem Eintritt in Paris schnell dahinstarb. Das ganze vorige Mißtrauen der Calvinisten erwachte aufs neue bei diesem Todesfall, und es fehlte nicht an Vermuthungen, daß sie vergiftet worden sei. Aber da auch die sorgfältigsten Nachforschungen diesen Verdacht nicht bestätigten und der König sich in seinem Betragen völlig gleich blieb, so legte sich der Sturm in kurzer Zeit wieder.

Coligny befand sich eben damals auf seinem Schloß zu Chatillon, ganz mit seinen Lieblingsentwürfen wegen des niederländischen Kriegs beschäftigt. Man sparte keine Winke, ihn von der nahen Gefahr zu unterrichten, und kein Tag verging, wo er sich nicht von einer Menge warnender Briefe verfolgt sah, die ihn abhalten sollten, am Hofe zu erscheinen. Aber dieser gutgemeinte Eifer seiner Freunde ermüdete nur seine Geduld, ohne seine Ueberzeugungen wankend zu machen. Umsonst sprach man ihm von den Truppen, die der Hof in Poitou versammelte, und die, wie man behauptete, gegen Rochelle bestimmt sein sollten; er wußte besser, wozu sie bestimmt waren, und versicherte seinen Freunden, daß diese Rüstung auf seinen eigenen Rath vorgenommen werde. Umsonst suchte man ihn auf die Geldanleihen des Königs aufmerksam zu machen, die auf eine große Unternehmung zu deuten schienen; er versicherte, daß diese Unternehmung keine andere sei, als der Krieg in den Niederlanden, dessen Ausbruch herannahe, und worüber er bereits alle Maßregeln mit dem König getroffen habe. Es war wirklich an dem, daß Karl IX. den Vorstellungen des Admirals nachgegeben und – war es entweder Wahrheit oder Maske – sich mit England und den protestantischen Fürsten Deutschlands in eine förmliche Verbindung gegen Spanien eingelassen hatte. Alle dergleichen Warnungen verfehlten daher ihren Zweck, und so fest vertraute der Admiral auf die Redlichkeit des Königs, daß er seine Anhänger ernstlich bat, ihn fortan mit allen solchen Hinterbringungen zu verschonen.

Er reiste also zurück an den Hof, wo bald darauf im August 1572 das Beilager Heinrichs – jetzt Königs von Navarra – mit Margarethen von Valois unter einem großen Zufluß von Hugenotten und mit königlichem Pompe gefeiert ward. Sein Eidam Telegny, Rohan,

Rochefoucauld, alle Häupter der Calvinisten waren dabei zugegen, alle in gleicher Sicherheit mit Coligny und ohne alle Ahnung der nahe schwebenden Gefahr. Wenige nur erriethen den kommenden Sturm und suchten in einer zeitigen Flucht ihre Rettung. Ein Edelmann, Namens Langoiran, kam zum Admiral, um Urlaub bei ihm zu nehmen. »Warum denn aber jetzt?« fragte ihn Coligny voll Verwunderung. »Weil man Ihnen zu schön thut,« versetzte Langoiran, »und weil ich mich lieber retten will mit den Thoren, als mit den Verständigen umkommen.«

Wenn gleich der Ausgang diese Vorhersagungen auf das schrecklichste gerechtfertigt hat, so bleibt es dennoch unentschieden, in wie weit sie damals gegründet waren. Nach dem Berichte glaubwürdiger Zeugen war die Gefahr damals größer für die Guisen und für die Königin, als für die Reformierten. Coligny, erzählen uns jene, hatte unvermerkt eine solche Macht über den jungen König erlangt, daß er es wagen durfte, ihm Mißtrauen gegen seine Mutter einzuflößen und ihn ihrer noch immer fortdauernden Vormundschaft zu entreißen. Er hatte ihn überredet, dem flandrischen Krieg in Person beizuwohnen und selbst die Victorien zu erkämpfen, welche Katharina nur allzugern ihrem Liebling, dem Herzog von Anjou, gönnte. Bei dem eifersüchtigen und ehrgeizigen Monarchen war dieser Wink nicht verloren, und Katharina überzeugte sich bald, daß ihre Herrschaft über den König zu wanken beginne.

Die Gefahr war dringend, und nur die schnellste Entschlossenheit konnte den drohenden Streich abwenden. Ein Eilbote mußte die Guisen und ihren Anhang schleunig an den Hof zurückrufen, um im Nothfall von ihnen Hilfe zu haben. Sie selbst ergriff den nächsten Augenblick, wo ihr Sohn auf der Jagd mit ihr allein war, und lockte ihn in ein Schloß, wo sie sich in ein Cabinet mit ihm einschloß, mit aller Gewalt mütterlicher Beredsamkeit über ihn herfiel und ihm über seinen Abfall von ihr, seinen Undank, seine Unbesonnenheit die bittersten Vorwürfe machte. Ihr Schmerz, ihre Klagen erschütterten ihn; einige drohende Winke, die sie fallen ließ, thaten Wirkung. Sie spielte ihre Rolle mit aller Schauspielerkunst, worin sie Meisterin war, und es gelang ihr, ihn zu einem Geständniß seiner Uebereilung zu bringen. Damit noch nicht zufrieden, riß sie sich von ihm los, spielte die Unversöhnliche, nahm eine abgesonderte Wohnung und ließ einen völligen Bruch befürchten. Der junge König war noch nicht so ganz Herr seiner selbst geworden, um sie beim Wort zu nehmen und sich der jetzt erlangten Freiheit zu erfreun. Er kannte den großen Anhang der Königin, und seine Furcht malte ihm denselben noch größer ab, als er wirklich sein mochte. Er fürchtete – vielleicht nicht ganz mit Unrecht – ihre Vorliebe für den Herzog von Anjou und zitterte für Leben und Thron. Von Rathgebern verlassen und für sich selbst zu schwach, einen kühnen Entschluß zu fassen, eilte er seiner Mutter nach, brach in ihre Zimmer und fand sie von seinem Bruder, von ihren Höflingen, von den abgesagtesten Feinden der Reformierten umgeben. Er will wissen, was denn das neue Verbrechen sei, dessen man die Hugenotten beschuldige, er will alle Verbindungen mit ihnen zerreißen, sobald man ihn nur überführt haben werde, daß ihren Gesinnungen zu mißtrauen sei. Man entwirft ihm das schwärzeste Gemälde von ihren Anmaßungen, ihren Gewalttätigkeiten, ihren Anschlägen, ihren Drohungen. Er wird überrascht, hingerissen, zum Stillschweigen gebracht und verläßt seine Mutter mit der Versicherung, ins künftige behutsamer zu verfahren.

Aber mit dieser schwankenden Erklärung konnte sich Katharina noch nicht beruhigen. Dieselbe Schwäche, welche ihr jetzt ein so leichtes Spiel bei dem Könige machte, konnte eben so schnell und noch glücklicher von den Hugenotten benutzt werden, ihn ganz von ihren Fesseln zu befreien. Sie sah ein, daß sie diese gefährlichen Verbindungen auf eine gewaltsame und unheilbare Weise zertrennen müsse, und dazu brauchte es weiter nichts, als den Empörungsgeist der Hugenotten durch irgend eine schwere Beleidigung aufzuwecken. Vier Tage nach der Vermählungsfeier Heinrichs von Navarra geschah aus einem Fenster ein Schuß auf Coligny. als er eben vom Louvre nach seinem Haus zurückkehrte. Eine Kugel zerschmetterte ihm den Zeigefinger der rechten Hand, und eine andere verwundete ihm den linken Arm. Er wies auf das Haus hin, woraus der Schuß geschehen war; man sprengte die Pforten auf, aber der Mörder war schon entsprungen.

Eine Fortsetzung dieser Geschichte, welche Schiller selbst wegen Reisen und nothwendiger Rücksichten auf Gesundheit nicht beendigte, hat Professor Paulus im 8 und 9. Band der zweiten Abtheilung der historischen Memoires geliefert (s. dessen Vorrede zum 8. Band 1794).

Über tredition

Eigenes Buch veröffentlichen

tredition wurde 2006 in Hamburg gegründet und hat seither mehrere tausend Buchtitel veröffentlicht. Autoren veröffentlichen in wenigen leichten Schritten gedruckte Bücher, e-Books und audio-Books. tredition hat das Ziel, die beste und fairste Veröffentlichungsmöglichkeit für Autoren zu bieten.

tredition wurde mit der Erkenntnis gegründet, dass nur etwa jedes 200. bei Verlagen eingereichte Manuskript veröffentlicht wird. Dabei hat jedes Buch seinen Markt, also seine Leser. tredition sorgt dafür, dass für jedes Buch die Leserschaft auch erreicht wird.

Im einzigartigen Literatur-Netzwerk von tredition bieten zahlreiche Literatur-Partner (das sind Lektoren, Übersetzer, Hörbuchsprecher und Illustratoren) ihre Dienstleistung an, um Manuskripte zu verbessern oder die Vielfalt zu erhöhen. Autoren vereinbaren direkt mit den Literatur-Partnern die Konditionen ihrer Zusammenarbeit und partizipieren gemeinsam am Erfolg des Buches.

Das gesamte Verlagsprogramm von tredition ist bei allen stationären Buchhandlungen und Online-Buchhändlern wie z. B. Amazon erhältlich. e-Books stehen bei den führenden Online-Portalen (z. B. iBookstore von Apple oder Kindle von Amazon) zum Verkauf.

Einfach leicht ein Buch veröffentlichen: **www.tredition.de**

Eigene Buchreihe oder eigenen Verlag gründen

Seit 2009 bietet tredition sein Verlagskonzept auch als sogenanntes "White-Label" an. Das bedeutet, dass andere Unternehmen, Institutionen und Personen risikofrei und unkompliziert selbst zum Herausgeber von Büchern und Buchreihen unter eigener Marke werden können. tredition übernimmt dabei das komplette Herstellungs- und Distributionsrisiko.

Zahlreiche Zeitschriften-, Zeitungs- und Buchverlage, Universitäten, Forschungseinrichtungen u.v.m. nutzen diese Dienstleistung von tredition, um unter eigener Marke ohne Risiko Bücher zu verlegen.

Alle Informationen im Internet: **www.tredition.de/fuer-verlage**

tredition wurde mit mehreren Innovationspreisen ausgezeichnet, u. a. mit dem Webfuture Award und dem Innovationspreis der Buch Digitale.

tredition ist Mitglied im Börsenverein des Deutschen Buchhandels.

Dieses Werk elektronisch lesen

Dieses Werk ist Teil der Gutenberg-DE Edition DVD. Diese enthält das komplette Archiv des Projekt Gutenberg-DE. Die DVD ist im Internet erhältlich auf **http://gutenbergshop.abc.de**

FSC
www.fsc.org

MIX

Papier | Fördert
gute Waldnutzung

FSC® C083411

Zeitfracht Medien GmbH
Ferdinand-Jühlke-Straße 7
99095 Erfurt, Deutschland
produktsicherheit@kolibri360.de